JULES JANIN

ŒUVRES DIVERSES PUBLIÉES SOUS LA DIRECTION

DE M. A. DE LA FIZELIÈRE

CRITIQUE
DRAMATIQUE

TOME QUATRIÈME

LE THÉATRE DE GENRE

PARIS

LIBRAIRIE DES BIBLIOPHILES

Rue Saint-Honoré, 338

M DCCC LXXVII

ŒUVRES DIVERSES DE JULES JANIN

PUBLIÉES SOUS LA DIRECTION

DE M. ALBERT DE LA FIZELIÈRE

IX

CRITIQUE DRAMATIQUE

IV — THÉATRE DE GENRE

Il a été fait un tirage d'amateurs, ainsi composé :

300 exemplaires sur papier de Hollande (N⁰ˢ 51 à 350).
 25   —   sur papier de Chine (N⁰ˢ 1 à 25).
 25   —   sur papier Whatman (N⁰ˢ 26 à 50).
―――
350 exemplaires, numérotés au tome Ier de la collection.

Tous les exemplaires de ce tirage sont ornés d'une GRAVURE A L'EAU-FORTE DE M. ED. HÉDOUIN.

Mme ROSE-CHÉRI
dans Clarisse Harlowe.

JULES JANIN

CRITIQUE
DRAMATIQUE

TOME QUATRIÈME

THÉATRE DE GENRE

PARIS

LIBRAIRIE DES BIBLIOPHILES

Rue Saint-Honoré, 338

M DCCC LXXVII

THÉATRE DE GENRE

DÉSAUGIERS

LE DINER DE MADELON

Au fait, savez-vous bien, ami lecteur (c'est ma faute, et c'est ma faute si vous ne le savez pas), que depuis tantôt six semaines le théâtre du Palais-Royal l'a pris au théâtre des Variétés, qui l'avait pris au théâtre de la Bourse, qui l'avait pris au Vaudeville de la rue de Chartres, qui l'avait pris à Désaugiers, ce *Dîner de Madelon?* et savez-vous bien que depuis tantôt six semaines je suis à me dire à mon réveil, à mon coucher, le matin à sept heures, et le soir à minuit : « Malheureux que tu es, tu t'amuses à raconter des balivernes, et tu n'as pas encore parlé du *Dîner de Madelon!* »

Ce *Dîner de Madelon* est un petit vaudeville en un joli petit acte orné de quatre ou cinq petits couplets, chaque couplet se terminant en pointe et en bon mot. Trois personnes suffisent et au delà à ce dîner de Madelon, sans compter une *dinde truffée* et rôtie au foyer de ta cuisine, au flambeau de tes beaux yeux, ô Madelon!

Ce *Dîner de Madelon,* à trois personnages, est l'œuvre excellente et considérable entre toutes ses œuvres de l'heureux homme et du gai convive appelé Désaugiers. Ce Désaugiers, en même temps qu'il était un poëte expert en heureuses chansons, était un sage, un vrai sage; il était modéré en toutes les choses qui demandent un peu de modération : le vin, l'amour et l'abondance; il les chantait à toute volée... il en usait en toute prudence; il allait au plaisir à pas comptés, il en revenait la tête légère et d'un pas léger; toujours prêt, tant il avait peu abusé des bonnes choses de la création, à recommencer le lendemain ce qu'il avait fait la veille : un sourire à Thémire, un couplet à Bacchus, un bon mot qui traverse en riant la table où tout rit, où tout chante, où le gai refrain s'en va de verre en verre et monte en fraîche écume au cerveau réjoui du buveur.

Puis, quand tout le monde était en train *et que tout dansait* en effet, notre homme aussitôt, se dérobant à la joie qu'il avait excitée, s'en retournait tranquillement chez lui, sa main dans sa poche... en *nicolardonisant,* c'est-à-dire en songeant à toutes sortes de niaiseries et de billevesées qui sortaient de son cerveau avec les dernières vapeurs du vin d'Aï !

Parmi ces vives et sémillantes chansons où la gaieté circule à la façon d'un sang généreux dans les veines d'un jeune homme, entre la rose, qui est la fleur du printemps de l'année et du printemps de la vie, et le lierre, ami des buveurs, Désaugiers écrivait parfois un conte à la façon du bon La Fontaine, un conte orné d'un petit sous-entendu hardi, qui bientôt changeait le conte en chanson, car il avait beau faire, il ne faisait que des chansons ! Il eût tenté d'écrire une tragédie, aussitôt sa tragédie se fût tournée en couplets joyeux ; même quand il était en colère et quand il se fâchait tout rouge... on riait à gorge déployée, et c'était vraiment comme s'il eût chanté.

Le conte du *Dîner de Madelon* est, par ma foi, le plus joli du monde. On y voit un bonhomme âgé, c'est vrai, mais d'un âge encore voisin du bon temps de l'âge mûr. Les Romains, plus charitables que les nomenclateurs modernes, appelaient cet âge-là *l'âge de seigneurie* : on n'était plus jeune, on n'était pas encore un vieillard. La raison vous menait par la main, c'est vrai, mais elle ne vous entraînait pas si vite que vous ne missiez de temps à autre encore un pied dans l'ornière éclatante des belles passions ; enfin, les Romains, avec leur *seigneurie,* avaient pitié de vos soixante ans non sonnés, et ils vous donnaient humainement le temps de vieillir tout à fait. Ceci est expliqué tout au long dans le *Traité de la Vieillesse,* par Scipion l'Africain. « Est-ce à dire que la vieillesse est moins lente à remplacer l'âge mûr que la jeunesse à remplacer la première enfance ? Et, en fin de compte, soixante ans ce n'est pas l'Etna à porter. »

Ainsi, le maître de Madelon, ce seigneur de la bourgeoisie, est un bonhomme ami de la joie et des gais repas ; il est seul, il est veuf. Madelon, chez lui, règne et gouverne, et Madelon n'a pas d'autre ambition que de s'asseoir un jour ou l'autre à la table de son maître et seigneur, « la table entremetteuse de l'amitié » : c'est Montaigne qui l'a dit. Madelon n'a pas lu Montaigne, mais, en ait d'*essais,* elle a essayé bien souvent d'ajouter son propre couvert à ce petit couvert. Tantôt elle ose, et tantôt elle n'ose pas : aujourd'hui c'est son assiette qu'elle pose sur la table à côté de l'assiette de son maître, et le lendemain c'est une chaise qu'elle s'approche à elle-même ; et, comme le seigneur est tout entier à son dîner, il ne voit pas l'ardent désir de Madelon de manger avec lui. C'est très-joli à voir ce petit manége et ce joli ménage, et c'est triste à voir, Madelon qui rentre à l'office en soupirant,

> Ses jolis bras baissés sur son beau sein.

Un jour enfin Madelon se chante à elle-même : « Aux armes ! Madelon, le jour de gloire est arrivé ! Aux armes ! c'est la fête à ton maître ; il faut lui demander effrontément (pour cette fois seulement) une place à sa table, et il te l'accordera. » Ainsi elle dit, ainsi elle fait. Et le maître : « O Madelon ! dit-il, est-ce possible, est-ce vrai, que ça te fasse tant plaisir de dîner à la table d'un ingrat dont tu es la fête et le conseil ? Oui, Madelon, tu dîneras à côté de moi, et tu verras quel joyeux repas ! Mais il faut t'appliquer, Madelon. »

Hélas ! ô vanité des projets d'ici-bas ! fumée de l'oie et vanité de la gloire humaine ! à l'instant même où Madelon va pour se mettre à table, à leur table, à *sa* table, un ami au père Benoît (il s'appelle *Étienne-Théophile Benoît* : c'est pourquoi l'artiste a gravé sur ses couverts d'argent *E B T*, prononcez *hébété !*), M. Josse, orfévre, arrive de son village tout exprès pour dîner avec son ami Benoît.

Madelon infortunée ! ingrat Benoît ! car voilà mons Benoît qui fait toute espèce de fête à son ami Josse ! « Ah ! te voilà ? Sois le bienvenu, tu vas tâter de l'oie, et tu boiras d'un vin... » Bref, mons Benoît ne songe plus à Madelon, et le voilà qui met sa cave à feu et à sang :

> « Je suis à toi, je descends à ma cave,
> Et j'en apporte un certain vin de Grave...
> Oui, tu verras, tu le trouveras bon... »
> Il sort. « Monsieur, dit alors Madelon
> A l'ami Josse, apprenez que mon maître
> Vous peut ce soir jeter par la fenêtre.
> — Il serait fou ? lui ! — Que trop, par malheur... »

A ces mots, voilà mon Josse également placé entre le vif désir de tâter de l'oie et la crainte d'y laisser ses oreilles. Cependant il se met à table, il s'assied à ta place, ô Madelon !

> Mais comprenez quel spectacle effrayant
> Quand mons Benoît, d'un œil étincelant,
> Considérant son ami Josse et l'oie,
> Semble hésiter sur le choix de sa proie ;
> Quand, saisissant deux larges coutelas
> Que l'un sur l'autre il frotte à tour de bras,

> Au pauvre Josse, écrasé sur son siége,
> Il dit tout haut : *Çà, que te couperai-je?*

A ce terrible : *Que te couperai-je?* il faut voir l'ami Josse, aussi prompt que le vent,

> Dans ses deux mains tenant ses deux oreilles,

s'enfuir en criant : « A l'aide! au secours! je me meurs, je suis mort! » Et le digne Benoît de crier à son ami Josse :

> « Rien qu'une, ami, rien qu'une seulement! »

Il veut dire *une aile!* et l'autre entend : *une oreille...* Il court encore, M. Josse.

> Figurez-vous Madelon et sa joie!
> Assise à table, elle tâta de l'oie,
> Tant et si bien qu'elle et monsieur Benoît
> Rirent bien fort de ce manége adroit.

Or le voilà tout entier, ce *Dîner de Madelon*, l'honneur et l'enchantement du XIXe siècle! Pas un mot de plus, pas un mot de moins; pas d'amourette et pas de mariage final; seulement, l'oie aux marrons a fait place à la dinde truffée, et c'est le seul marivaudage que se soit permis le grand poëte. Au reste, en dépit de sa réserve et de sa sagesse, elle a mis au jour une fille charmante, une enfant digne de sa mère, cette aimable Madelon. Cette fille de Madelon eut pour parrain M. Josse en personne (il a su plus tard le bon tour de Madelon), et M. Josse appela *Babet* l'enfant de Madelon :

> « Je veux demain, bravant la médisance,
> Au Cadran bleu te régaler sans bruit.
> Allons, Babet, un peu de complaisance,
> Un lait de poule et mon bonnet de nuit. »

Babet est en effet la fille de Madelon, mais la fille ne vaut pas la mère ; elle est peut-être un peu plus jolie, elle est moins avenante et moins accorte ; elle a été élevée avec plus de soin que Madelon sa mère, elle a moins de cœur ; Babet est une ambitieuse, elle ira loin, elle épouse son maître, elle sera pour le moins baronne ; au contraire, la mère Madelon est restée Mlle Madelon.

Or, depuis tantôt un demi-siècle, on le joue, on le chante, on l'étudie, on le répète, on l'applaudit chez nous, ce *Dîner de Madelon!* On dirait d'une fête éternelle, on dirait une aimable lueur que se transmettent les diverses générations l'une à l'autre en passant de la jeunesse dans l'âge mûr. Comptez donc que de chefs-d'œuvre *impérissables*, disait-on, elle a ensevelis, cette leste et preste Madelon ! comptez donc que de monarchies, de grandeurs, de Majestés, de républiques, de constitutions, de vanités, elle a vues paraître et disparaître, aller et venir, cette impérissable et joyeuse Madelon ! Que de guerres terribles, bientôt suivies d'une profonde paix, se sont jouées à l'ombre de Madelon ! que de grandeurs renversées ! que de ministères disparus ! combien de traités déchirés ! Et cependant Madelon n'a pas perdu une seule fleur de son corsage, une seule épingle de sa cornette ! D'un rire ingénu elle a ri au nez de tous ces grands hommes de la guerre et de la paix; d'un geste enfantin elle a fait la nique à toutes ces révolutions. Le lendemain de 1814, elle chantait sa joyeuse chanson ; elle la chantait la veille et le lendemain de 1830 ; lisez l'affiche en 1848, elle annonce en toutes lettres... *le Dîner de Madelon !* C'est la pièce favorite des journées pacifiques, c'est le vaudeville des jours de tempête ! Madelon gardienne des sociétés au désespoir ! Elle est l'arc-en-ciel après l'orage ; elle calme la *Marseillaise,* elle repose de la cantate ; elle protége le vaincu, elle apaise le vainqueur ; elle est la chanson sans gêne et sans peine, abondante en grâces peu coûteuses, en promesses faciles à remplir. Au milieu de tant d'écoles diverses qui ont traversé la poésie en la déchirant, entre la tragédie agonisante et le drame à ses premiers vagissements, *le Dîner de Madelon,* indifférent à la rage, au bruit, au hurlement des écoles, passe en chantant sa chanson matinale. Elle était au tombeau de Mme Dorval, elle était au berceau de Mlle Rachel. Toute comédienne un peu jolie, avec de grands yeux, une belle taille, une voix fraîche, et ce je ne sais quoi de sémillant et d'appétissant qui est le cachet même de Désaugiers le poëte, a joué ou jouera, au moins une fois dans sa vie, *le Dîner de Madelon!* Elle-même Mlle Mars l'a joué, un jour de fête, en sa maison de Sceaux, en beau tablier de toile écrue, une perle à l'oreille, à ses pieds des sabots; Désaugiers donnait la réplique; Étienne Becquet était le souffleur.

De ce *Dîner de Madelon* est sortie un beau jour, armée à la légère, la plus aimable et la plus piquante de toutes les comédiennes qui aient jamais été la joie et la fête du Paris terre à terre, ennemi né des mots *sesquipédaux* et des bottes de sept lieues. Elle avait nom Minette; elle avait de grands yeux et de tout petits pieds, et un filet de voix très-doux, avec l'accent, le geste et la gaieté à l'avenant; ajoutez une intelligence, une verve, un esprit, un argument vif et léger en toute chose, et des grâces qui la faisaient adorer. Minette était vraiment Madelon, la Madelon du *Dîner de Madelon*. Désaugiers l'aimait, et elle le lui rendait, Dieu le sait! Il lui lisait toutes ses chansons, elle lui chantait toutes ses chansons; comme elle était interrogée, elle savait répondre, habile à la réplique, ingénieuse au conseil, savante en toutes ces élégances du bel esprit, estimant la chanson comme Tancrède aimait sa patrie : *A tous les cœurs bien nés...* Vraiment, cette Minette était un charme ; on l'eût prise, à la voir, pour la muse même qui avait inspiré l'*Hymne à la Gaieté,* l'*Homme content, Quand on est mort c'est pour longtemps,* le *Rocher de Cancale, Et cætera pantoufle.*

Minette, élève de son maître, en avait précieusement gardé la philosophie et la sagesse avant d'être sage et rassasiée ; elle avait quitté la table de Madelon et elle était rentrée au bercail des femmes sérieuses. Comme elle était bonne, après avoir été charmante, elle était aimée et louée en raison de ses grâces présentes autant que de ses grâces passées. Même (et l'accident est assez rare pour qu'on le signale), après avoir été pauvre dans sa jeunesse et dans son âge mûr, elle arriva très-légalement et très-loyalement à une énorme fortune, qui n'ôta rien à sa modestie et qui n'étonna pas son honnête vieillesse ; et, de même qu'elle était fière autrefois et sentant sa grande artiste, elle fut réservée et clémente en sa nouvelle fortune. Elle gagna bien quelques amis, elle n'en perdit pas un seul. « Comme tu porteras la fortune, ô Celsus ! toi-même nous te supporterons... » (*Sic nos te, Celse, feremus!*) Ainsi, chose heureuse, sa fortune fut facilement pardonnée à « Minette ». Elle est morte l'an passé, elle a été pleurée en silence ! A cette heure encore, il y a des gens qui la regrettent et qui s'en souviennent. « Hélas ! disent les uns, c'était une si bonne et si bienfaisante châtelaine ! elle ouvrait si volontiers la porte de son palais de Versailles, à Nanville, aux pauvres du chemin ! elle parlait si bien, avec tant d'aise, et de contentement, et de bonne grâce, de l'art qu'elle avait exercé avec tant de joie ! elle avait tant de souvenirs qui la rapprochaient des hommes d'autrefois ! elle se rappelait si volontiers, parmi ses plus illustres convives, quand Nanville était rempli de ses hôtes nombreux, du *Dîner de Madelon !*

Le voilà donc, encore une fois, qui redevient, sur le théâtre du Palais-Royal, la fête du Paris ami des faciles gaietés, des faciles chansons, ce gai *Dîner de Madelon !* Hélas ! il a précédé toutes les gloires vivantes de cette nation... j'ai bien peur qu'il ne les mène à la tombe ! Vaudeville-miracle ! il était fait pour vivre un jour, il a déjà fatigué plus d'un demi-siècle ; il devait disparaître au moins avec l'aimable comédienne qui l'a chanté pour la première fois, il en a lassé déjà plus d'une centaine ; il a servi à l'aïeule, à la grand'mère, à la fille, à la petite-fille ; il servira à l'enfant de la cinquième génération. Même les chefs-d'œuvre et les fêtes les plus bruyantes du génie contemporain, *Marion Delorme, Hernani, Chatterton, la Mère et la Fille, le Plus beau Jour de la vie* et *le Mariage de raison, les Saltimbanques* et *le Thé de Mme Gibou, Lucrèce* et *Virginie*, ont vainement espéré qu'ils effaceraient de l'affiche et du souvenir de cette génération *le Dîner de Madelon...* *le Dîner de Madelon* est venu à bout des drames de Frédéric Soulié, des drames de M. de Balzac; il viendra à bout de *Mlle de La Seiglière* et de *M. Poirier*. Ce qui l'étonne en ce moment, c'est qu'il n'ait pas encore abattu *l'Honneur et l'Argent!* Et puis, quand tout sera mort de ce qui chante et se chante aujourd'hui, quand la tragédie éteinte ira rejoindre au cercueil le drame expiré, quand sur le vaudeville inanimé râlera la comédie en deuil du mélodrame, arrivera Madelon, qui d'une main sans gêne mettra la nappe sur la pierre de cette fosse immense, et sur cette table improvisée on servira *le Dîner de Madelon!*

ALEXANDRE DUMAS

MADEMOISELLE DE BELLE-ISLE

Oui, en effet, c'est là, comme je vous le dis, une comédie, et encore une comédie franchement attaquée, franchement défendue, très-bien intriguée, et pourtant d'une intrigue très-claire et très-facile à comprendre ; et dans cette comédie il y a beaucoup d'art et beaucoup d'esprit, beaucoup de verve, pas mal de style, des intentions très-fines, des choses très-hardies, mais elles ont passé ; des choses très-hasardées, mais elles ont été acceptées ; des mots qui sentent leur régence d'une lieue ; en un mot, un grand entrain, une vivacité charmante, un feu roulant de saillies qui passent quelquefois d'un pied léger et furtif le seuil même de l'alcôve. Mais aussi avons-nous ri ! nous sommes-nous amusés ! avons-nous applaudi ! Quel bonheur que

M. Alexandre Dumas ait trouvé au fond de sa besace tant de verve, d'audace, de hardiesse et d'esprit !

Donc Mme de Prie, ambitieuse femme, sans cœur, qui régna un instant sur la France en concurrence avec M. le cardinal de Fleury et sous la protection de M. le duc de Bourbon, Mme de Prie habite le château de Chantilly, et quand la comédie commence la marquise est occupée à brûler ses lettres d'amour : c'est la précaution ordinaire des passions qui commencent. Aussitôt qu'un nouvel amour vient au cœur d'une femme, c'en est fait de tous les autres; il faut tout brûler, tout détruire : lettres, cheveux, portraits, gages éternels d'une passion éphémère, tout y passe; et pas une de ces lettres, pas un de ces portraits si aimés n'obtient un dernier coup d'œil. La dame jette au feu toutes ses passions d'hier... Sauve qui peut ! C'est qu'en effet Mme de Prie a distingué un beau jeune gentilhomme dont elle a fait un officier, et, comme elle le veut aimer tout à l'aise, elle prend toutes ses précautions. Et voilà pourtant ce que deviennent, mes amis, les plus sincères amours !

Comme elle est en train de tout brûler, Mme de Prie raconte à sa dame d'honneur qu'elle aimait, encore hier, M. le duc de Richelieu, et que M. de Richelieu est bien amoureux d'elle; et la preuve, c'est que le duc n'a pas encore renvoyé la moitié d'un sequin qu'elle et lui ils ont coupé en deux, avec cette condition que le premier qui n'aimerait plus renverrait la moitié du sequin, et que l'autre n'aurait pas la plus petite plainte à faire. L'invention est bonne, elle est commode, elle abrége bien des lenteurs. Quand elle a tout raconté et tout brûlé, entre chez Mme de Prie M. le duc de Richelieu.

Je me souviens d'avoir rompu déjà bien des lances en faveur du brillant Richelieu, que nos grands moralistes dramatiques chargeaient de haines et d'outrages ; je disais que cela était étrange d'insulter ainsi un homme qui avait été le favori de deux rois de France, que Louis XVI, la vertu couronnée, avait très-bien reçu à sa cour, qui avait eu sa grande part de la victoire de Fontenoy, qui était le protecteur de Voltaire, et, au dire de quelques-uns, qui était pour Voltaire mieux que cela. Cette moralité, mal placée en pleine régence, me paraissait une moralité de mauvais aloi. Mais, cette fois, soyez tranquilles, notre comédie n'ira pas donner dans ces lieux communs, beaucoup trop communs. On prendra le maréchal de Richelieu tel qu'il est, et sans injures, sans déclamations, on le fera agir et penser comme il a en effet agi et pensé. Fi de la morale qui s'attache au manteau des personnages historiques pour les gêner dans leur course rapide ! Le personnage historique, s'il se sent trop tiraillé, laissera son manteau entre les mains de cette autre dame Putiphar, et le héros n'en sera qu'un peu plus nu. Donc, vous voyez entrer chez Mme de Prie, et comme s'il entrait dans sa propre maison, M. le duc de Richelieu.

La conversation entre les deux amants est des plus naturelles. Le dialogue est tout rempli de quelques mots heureux qui ont été en effet prononcés dans ces salons du Paris spirituel, sceptique et moqueur; mais ces mots-là sont si bien à leur place qu'on ne s'aperçoit nullement du plagiat. L'auteur n'a fait que reprendre son bien où il le trouvait, et il était parfaitement dans son droit. Voici, au reste, une charmante scène, qui perdra beaucoup à être mal racontée, comme je fais :

M. de Richelieu tire de sa poche un portefeuille aux armes de Mme de Prie. « J'ai pensé à vous, lui dit-il; acceptez ce portefeuille à vos armes. — Et moi donc ! répond la marquise; acceptez, mon cher duc, cette bourse que j'ai brodée à votre chiffre. » Ceci fait, ils prennent congé l'un de l'autre. Richelieu sorti, Mme de Prie ouvre le portefeuille, et que trouve-t-elle? La moitié du sequin ! A l'instant même rentre M. de Richelieu; il a trouvé, lui aussi, au fond de la bourse, l'autre moitié du même sequin! Et de rire! En vérité, on n'est pas plus inventif que cela.

Alors, entre ces deux personnes, la conversation, qui languissait, s'anime de plus belle. Grâce à cette touchante sympathie, Richelieu et Mme de Prie s'entendent plus que jamais. « Qui donc aimez-vous, marquise? — J'aime le chevalier d'Aubigny. Et vous donc, qui aimez-vous, mon cher duc? — Moi, je suis amoureux fou de Mlle de Belle-Isle. » On annonce Mlle de Belle-Isle.

Alors vous voyez entrer — non, ce n'est pas un conte d'autrefois — la plus calme et la plus charmante jeune femme qui se puisse voir; elle est simple, elle est gracieuse, elle est touchante. Elle vient supplier Mme de Prie pour qu'elle fasse rendre la liberté à son père, à ses frères, qui sont à la Bastille. A peine on la voit, cette femme, et déjà on se sent le cœur pris pour elle. Et comme elle raconte sa triste histoire, les malheurs de sa famille, son isolement, la captivité paternelle! Richelieu la dévore des yeux. Mme de Prie, toute égoïste qu'elle est au fond de l'âme, se sent prise de pitié pour cette femme sans appui, sans secours, dans cette maison corrompue qui ne se souvient déjà plus de Bossuet et du grand Condé. Cette belle, honnête, éloquente et touchante fille, qui voulez-vous que ce soit au monde, si ce n'est Mlle Mars?

Ici, l'intérêt, déjà vivement excité par tous ces ingénieux détails, va grandir encore. Toute cette cour de Chantilly se presse au lever de Mme de Prie. Richelieu, tout frais arrivé d'Allemagne, est naturellement le sujet de ces piquantes causeries. On l'entoure, on lui raconte les grandes révolutions de son absence, comment à présent M. le cardinal de Fleury a réformé les mœurs, comment la messe l'emporte sur le bal, comment les femmes qui naguère avaient deux amants et un confesseur n'ont plus à cette heure que deux confesseurs et un amant! Vous pensez si le duc ouvre de grandes oreilles! « Bah! dit-il à la fin, laissez là vos histoires à dormir debout. Tel que vous me voyez, je parie mille louis que j'obtiendrai ce soir un rendez-vous de la première femme qui va se montrer à nous. — Tope! disent les amis du duc, mille louis! »

Sort la marquise de Prie. Richelieu, beau joueur, se penche vers ses amis. « Celle-là ne compte pas, dit-il, je vous volerais votre argent! » L'instant d'après sort Mlle de Belle-Isle.

Alors un jeune homme que vous avez à peine aperçu dans les salons, et qui a entendu ce terrible pari, s'approche du duc. « C'est à moi, Monsieur le duc, à tenir votre pari, car je dois épouser dans trois jours la femme que vous voulez déshonorer ce soir. »

Le duc accepte le pari de ce jeune homme, qu'il voit pour la première fois. A cet instant, j'avoue que j'ai eu bien peur. J'ai tremblé que l'on ne nous montrât encore quelque bâtard contrefait de ce bâtard d'Antony, quelqu'un de ces jeunes gens sans aveu, dont la mélancolie est insupportable, insipides vaporeux qui pensent faux, qui aiment faux, qui souffrent faux, qui gâtent par leur bave rêveuse tout ce qu'ils touchent, et même les jeunes passions des belles années ; mais, cette fois, j'en suis quitte pour la peur. L'amant de Mlle de Belle-Isle, le chevalier d'Aubigny, un peu plus sentimental que les autres, il est vrai, est cependant tout à fait taillé sur leur patron. Sa vertu n'a rien d'austère, son amour n'a rien de langoureux : c'est un véritable soldat qui sera un des plus vaillants à Fontenoy. Si donc ce personnage a paru quelquefois plus triste qu'il ne convenait, la faute n'en est pas à l'auteur ; la faute en est au comédien qui a joué ce rôle, à Lockroy, qui s'est attristé à plaisir. Mais, comme Lockroy est un homme intelligent et spirituel, il aura compris bien vite qu'il ne s'agit pas ici de faire le beau ténébreux, que les rêveurs byroniens, à la cour de M. le régent, se seraient fait rire au nez par toute la cour, et qu'enfin, pour bien jouer ce rôle si jeune et si amoureux, il faut être un jeune homme de son époque, vif, leste, hardi, alerte, et, ma foi! ne douter de rien.

Vous avez rarement vu un plus joli premier acte, net, rapide et bien posé. Chacun est à sa réplique; l'esprit circule dans ce dialogue, comme le sang dans les veines : chacun a déjà dit ce qu'il devait dire, chacun s'est déjà montré ce qu'il sera dans tout le reste de la pièce : Richelieu léger et fou, la marquise égoïste et vaine, Mlle de Belle-Isle innocente et chaste, M. d'Aubigny amoureux et passionné, quoique un peu triste. On pourrait faire cette objection que ce jeune capitaine est un bien petit monsieur pour s'attaquer ainsi de front à Son Excellence M. de Richelieu; mais l'auteur a soin de nous avertir que le chevalier d'Aubigny porte un des meilleurs noms de la Bretagne. Parlez-moi des comédies qui commencent dès le premier acte!

Vous allez juger par vous-même des difficultés du second acte; elles sont telles que j'aurai bien de la peine à vous les raconter, moi qui vous parle en tête-à-tête, moi qui suis assis à votre côté, Madame... Jugez donc quand il faut raconter cela à deux mille personnes assemblées, dont la moitié se croit obligée de rougir, de ne rien comprendre et de serrer les dents pour ne pas rire! La nuit du pari approche. Il y va de l'honneur de M. le duc de Richelieu de gagner ce pari-là; mais, cependant, comment faire pour s'introduire chez Mlle de Belle-Isle, cette jeune Bretonne honnête, sincère, sans détour? La chose est d'autant plus difficile que Mme de Prie ne veut pas y prêter les mains. Au contraire, la dame se souvient du portefeuille de tout à l'heure, et, malgré le programme, elle veut se venger. En effet, elle loge Mlle de Belle-Isle dans sa propre chambre, et, le soir venu, elle apporte à sa nouvelle amie, qu'elle veut éloigner du danger, une lettre pour le gouverneur de la Bastille. Mlle de Belle-Isle sera à Paris dans deux heures et demie; elle verra son père et ses frères; elle sera de retour demain à six heures; nul dans le château ne saura qu'elle est partie; tant que M. le duc de Bourbon sera premier ministre, Mlle de Belle-Isle ne dira ce voyage à personne : elle en fait le serment. Restée seule, Mme de Prie, qui sait son Richelieu par cœur, ferme toutes les portes à double tour, toutes les portes, excepté la porte secrète; mais, tout à l'heure encore, Richelieu a juré à la marquise qu'il avait oublié cette clef à Paris... *J'étais si pressé de suivre Mlle de Belle-Isle!* ajoute-t-il.

Ce mot, qui est très-joli, est tout à fait digne du chevalier de Grammont.

Mais, de son côté, M. de Richelieu est sur ses gardes. Ce n'est pas celui-là qui sera jamais pris sans vert! Il a bientôt reconnu toutes les difficultés de l'entreprise : portes fermées, fenêtres fermées, valets de pied qui veillent au dehors. Que fait M. le duc de Richelieu? Il envoie à Paris son valet de chambre pour chercher la clef de la porte secrète, et, en moins de temps qu'il n'en faut à la vapeur aujourd'hui, la voici cette clef bienheureuse que Mme de Prie avait donnée à M. le duc de Richelieu dans des temps plus heureux pour elle! A minuit donc il entrait chez Mlle de Belle-Isle. Homme de précaution, M. de Richelieu a écrit à l'avance le billet que voici : « Je suis entré chez Mlle de Belle-Isle à minuit; je vous dirai demain à quelle heure j'en suis sorti. » Et il jette le billet par la fenêtre, et c'est le chevalier d'Aubigny qui reçoit le billet. Le pari est gagné, et plus que gagné, car la marquise, qui ne comptait pas que la porte s'ouvrirait, éteint les lumières... Richelieu n'y voit que du feu. La toile tombe... Devinez le reste si vous pouvez.

Silence! je vous entends! Vous allez vous écrier : « Mais rien n'est plus immoral! » Je vous avertis, mon gros Monsieur, que vous perdriez votre temps et vos cris. Toute cette intrigue a été parfaitement acceptée par bien des honnêtes gens qui étaient là et qui vous valent bien. Les plus honnêtes femmes ont applaudi sans y entendre malice. Il y a manière de tout dire entre gens de la bonne compagnie. Soyez net et bref, n'hésitez pas, lancez votre mot discourtois d'une façon aisée et comme la chose la plus naturelle du monde, votre mot passe, et personne ne songe à vous dire que vous êtes un insolent. Au contraire, hésitez, rougissez, tournez votre chapeau dans vos mains pour dire la chose la plus simple du monde, et les vaudevillistes vont crier à la gravelure ! Notre poëte comique a saisi à merveille toutes ces nuances ; il a été hardi comme un page qui aurait été élevé chez Mme de Parabère ! Et voilà comment, à force de gaieté, de bonne humeur, et surtout à force de hardiesse et d'esprit, il a fait tout passer.

Ceci dit, arrive le troisième acte. Mlle de Belle-Isle est revenue de la Bastille, heureuse comme une fille qui vient d'embrasser son vieux père dont elle est séparée depuis huit ans. Mme de Prie est mieux vengée qu'elle ne pensait, mais elle ne songe déjà plus à sa vengeance. M. de Richelieu, tout insolent qu'il est, est quelque peu étonné de son bonheur. Seul, le chevalier d'Aubigny est bien triste. Il a vu, à coup sûr, le séducteur s'introduire chez sa fiancée ; il a entendu sa voix de la fenêtre, il a lu son billet, il tient dans ses mains ce billet fatal. Comment douter de son malheur ? comment ne pas croire à la perfidie de Mlle de Belle-Isle ? Elle cependant, heureuse et calme, elle vient au-devant du chevalier, et vous pensez si elle le trouve hargneux, prêt à mordre et malheureux !

Il faut entendre Mlle de Belle-Isle, ou plutôt Mlle Mars, se défendant de son mieux contre l'horrible récit du chevalier d'Aubigny. Oui, tout cela est vraisemblable, mais rien n'est vrai. Elle veut s'en expliquer avec Richelieu lui-même, et elle le fait appeler pendant que son amant est caché là qui écoute. Arrive Richelieu, plus fier, plus insolent, plus conquérant que jamais ; et il parle à cette pauvre fille comme un amant heureux. Il est si convaincu de sa victoire ! cette victoire a été si facile, si complète ! Il l'a dit tout à l'heure à Mme de Prie : « Deux chevaux crevés pour une clef, c'est mille louis qu'il m'en coûte ; mais, tenez, marquise (*il se penche à son oreille*), je ne les regrette pas. »

Cette scène est dramatique, elle est naturelle. On comprend très-bien le désespoir de Mlle de Belle-Isle, se voyant ainsi traitée et avec un sans gêne si inexplicable et si naturel. Ce que l'on comprend moins, c'est que cette malheureuse fille, qui est perdue et déshonorée aux yeux de son amant, ne lui dise pas tout de suite où donc elle a passé cette nuit fatale. Il est bien vrai qu'elle a juré de ne pas le dire tant que M. le duc de Bourbon serait premier ministre ; mais, en présence d'un pareil malheur, le moyen de garder un secret ! Et d'ailleurs le chevalier d'Aubigny est trop honnête homme pour abuser d'un secret qui lui rend sa maîtresse ! Mais que fais-je donc là, et ne voilà-t-il pas que je m'amuse à chercher des objections dans une comédie qui va toute seule et que rien n'arrête, qui rit d'un œil, qui pleure de l'autre, et dont le sourire, dont les larmes sont bien ce que je connais de plus charmant !

Et notez bien que l'action dramatique marche en même temps que marchent les plaisirs et les affaires de cette cour, si occupée d'affaires et de plaisirs. Ainsi donc, c'est fête chez Mme de Prie. Les plus élégants seigneurs, réunis dans ces riches salons qui n'existent plus, s'abandonnent au jeu avec fureur. Vous entendez l'or et les éclats de rire, dont le bruit se heurte et se mêle. Richelieu a passé la journée à la chasse ; il arrive au bal un peu tard. A ce bal il rencontre enfin le chevalier d'Aubigny, qui l'a cherché tout le jour. Alors, entre ce jeune homme et le duc, il faut bien qu'une explication se fasse. Le chevalier provoque Richelieu ; Richelieu accepte. On se battra tout de suite, près du château, à l'épée, sans témoins : c'est convenu. Mais un damné capitaine, préposé par MM. les juges du point d'honneur pour empêcher les duels, et averti par Mme de Prie, arrête ce duel. Il fait donner aux deux champions leur parole d'honneur qu'ils ne se battront pas avant d'avoir porté leur affaire par-devant MM. les maréchaux de France. Mais comment donc fera ce pauvre d'Aubigny pour se venger?

« Monsieur le duc, dit-il à Richelieu, il me faut prompte satisfaction; nous ne pouvons pas nous battre, nous ne pouvons pas déshonorer Mlle de Belle-Isle devant MM. les maréchaux de France... Faisons mieux, jouons aux dés : celui qui perdra deux parties se tuera demain à neuf heures du matin. — Vous avez trouvé là un moyen très-ingénieux! » répond M. de Richelieu. Puis il dit : « J'accepte. » Et pourquoi n'eût-il pas accepté? N'était-il pas l'homme le plus heureux de cet heureux XVIIIe siècle? Il est né assez à temps pour voir encore les derniers rayons de ce soleil couchant qu'on appelait Louis XIV; il a eu sa part, et la plus large part, même en comptant le roi Louis XV, des fleurs, de l'esprit, de la gloire et des amours du règne suivant; enfin, après avoir assisté à cette lutte de tant de génie et de tant de forces différentes qui devaient produire 89, il est mort assez à temps pour ne pas voir la Révolution française. Certes, celui-là, même sans être trop brave, pouvait très-bien jouer sa vie sur un coup de dé : il était bien sûr de gagner.

En effet, c'est Richelieu qui gagne; il trouve même de très-jolis mots dans cette partie où la vie d'un homme est l'enjeu. « Qui veut être de moitié dans ma partie? » dit-il aux courtisans qui le regardent faire. La partie perdue, le chevalier d'Aubigny quitte la table, et il s'en va sans que le duc le puisse retenir, en lui disant : « Demain, à neuf heures, vous serez payé, Monsieur le duc! »

Au même instant arrive chez Mme de Prie la nouvelle que M. le duc de Bourbon est à la Bastille, que le cardinal de Fleury s'est nommé premier ministre, que Mme de Prie est exilée dans sa terre. C'est une confusion universelle. Mme de Prie, hors d'elle-même, veut écrire à la reine, qu'elle a faite reine. Elle écrit. Richelieu reconnaît alors seulement cette écriture, qu'il a prise pour l'écriture de Mlle de Belle-Isle. Il comprend confusément sa fatale erreur. « Mais qu'est-il donc arrivé? » demande-t-il. Et Mme de Prie, toujours écrivant, lui répond : *Vous ne devinez pas?* Mlle Mante dit ce mot-là à merveille et

avec toute cette insolence de si bonne compagnie
qu'elle a prise je ne sais où.

Aussitôt M. de Richelieu, tout blasé qu'il est,
se sent bouleversé au fond de l'âme. Il s'est
trompé! il a déshonoré une honnête fille! il a
perdu un honnête jeune homme! Si jeune, si
beau, si brave, si loyal, si amoureux, il va se tuer
demain à neuf heures! Il faut donc partir, il faut
sauver d'Aubigny, il faut implorer son pardon de
Mlle de Belle-Isle... Vain espoir! un capitaine
des gardes demande son épée à M. le duc de
Richelieu... Tout est perdu!

Allons, allons, rassurez-vous; ne craignez rien,
personne n'en mourra. Ils se porteront tout à
l'heure aussi bien que se portait ce matin Mme de
Prie. Il est vrai que l'amoureux de Mlle de Belle-
Isle veut revoir sa maîtresse avant de mourir. Il
part, il arrive à Chantilly, il retrouve cette femme
qu'il aime, il la revoit plus belle que jamais et
plus touchante; il lui dit adieu sans pleurer, mais
adieu pour toujours. Elle cependant, qui est bien
malheureuse, elle lui répète : *Je t'aime!* Il ne veut
rien entendre, il veut partir. « Mais au moins,
dit Gabrielle (elle s'appelle Gabrielle), attendez
que revienne Mme de Prie, et je vous dirai le secret qui me tue. —Mais, répond le jeune homme,
Mme de Prie, vous savez bien qu'elle est exilée et

que M. le duc est à la Bastille! » Alors Mlle de Belle-Isle, délivrée de son serment, s'écrie, ivre de joie : « A la Bastille! M. le duc! Et moi j'y ai passé la nuit, et j'y ai vu mon père, et je ne suis revenue que le lendemain à six heures, et M. de Richelieu a menti! Demande-le à mon père et à mes frères, Raoul! — Oui, j'ai menti, s'écrie Richelieu, qui accourt, ou plutôt j'ai été trompé comme un niais, et je vous demande pardon à deux genoux, Mademoiselle; vous êtes un ange! » Et ils se pardonnent, et ils s'embrassent, et Mlle de Belle-Isle devient Mme d'Aubigny, et M. de Richelieu devient le meilleur ami du chevalier; et voilà comment cela a porté bonheur à M. Alexandre Dumas de ne pas s'abandonner à cette féroce et nauséabonde déclamation dont le nom de M. de Richelieu est l'objet! Il eût fait un drame insipide, il a trouvé la plus aimable comédie; il eût été commun et trivial, il a été vif, aimable et le plus gentil du monde. L'esprit, la gaieté, la grâce, la bonne humeur, lui sortent par tous les pores. Ce soir-là, nous autres, qui ne l'avons jamais flatté et qui n'avons jamais eu de bien vives sympathies pour ce talent mêlé de hasard, nous l'avons retrouvé tel qu'il était jadis, au commencement de sa vie littéraire, plein de feu et de vivacité, hardi, nouveau, ne copiant personne, travaillant tout seul à ses drames, ne cherchant pas ces horribles mots nouveaux qui vous font l'effet d'un serpent sous les herbes. Quel bonheur et quelle joie de retrouver cet esprit-là dans toute sa valeur, à l'instant même où l'on disait de toutes parts qu'il était épuisé! Allons, passons l'oubli sur tant de volumes que le public ne voulait plus lire, sur tant de mauvais drames en commandite que le public n'allait pas voir; oublions cette grande machine de *Caligula,* écrasée dès le premier jour sous des prétentions incroyables; courons tous au-devant de l'enfant prodigue, faisons-lui fête, disons-lui combien il a d'esprit et d'invention; battons des mains, battons des mains! Les miennes sont encore fatiguées d'avoir applaudi!

DUMANOIR
CLAIRVILLE ET GUILLARD

CLARISSE HARLOWE

Pour le Gymnase, la semaine a été excellente. Mlle Rose Chéri... Comment vous dire la grâce, l'enjouement, les larmes, la douleur, la mort, la passion de cette nouvelle Clarisse? comment expliquer cette fleur d'esprit, cette simplicité fine et piquante, ce charme? Éloquence féconde! imagination chaste et qui pourtant devine toute chose! *La grande et pâle Clarisse!* la vraie Clarisse, au niveau de nos admirations, de nos respects, de nos louanges, de nos souvenirs pour l'héroïne de Richardson! Elle paraît, et aussitôt, rien qu'au frôlement de sa robe de soie, on se sent pris d'une immense pitié, d'un intérêt immense! Elle parle, et le son de cette voix, le *pur saxon de cette parole argentine,* ramènent en foule les souvenirs du grand drame, du drame terrible, du drame sans fin! Clarisse Harlowe! Richardson, Richardson, l'Homère en prose de la nature humaine! *Clarisse,* le roman, le poëme, l'histoire, le drame de la vie réelle! Tant d'enchantement et tant de douleur! tant de prospérités et tant de larmes! L'enfer et le ciel, la passion et le bon sens! tous les blasphèmes et toutes les muses de la parole! Ce charme infini qui séduit le sage, le lettré, le poëte; puis ces tumultes infâmes qui ressemblent à l'appel des démons! Lovelace assis comme Marius sur les ruines de son crime, et suivant d'un regard désespéré sa chaste victime dans la poussière sidérale qui blanchit sa voie lactée, — tous les intérêts d'un poëme sans fin, — ô merveille! un mot suffit, un regard, une larme, pour nous y ramener avec toutes nos adorations, avec toutes nos louanges! Si bien qu'à cette heure, grâce à cette comédienne de dix-huit ans, Clarisse Harlowe est ressuscitée; elle vit, elle respire, elle parle, elle pense: touchante image, à la fois sublime et populaire! Rien n'a pu effacer cette beauté divine, ni le temps, ni l'absence, ni les œuvres nouvelles, ni la barbarie des traducteurs. A cette heure encore, la Clarisse est vivante comme au temps de Jean-Jacques Rousseau et de Diderot.

Certes, qu'elle pût sortir de son tombeau toute

vivante et toute parée de ses plus belles grâces, et que cette résurrection spontanée fût accueillie par les larmes, par la pitié, par la terreur de cette génération qui avait entendu parler de *Clarisse Harlowe,* mais de loin, confusément et comme dans un rêve, voilà ce qui nous étonne et ce qui nous charme. Telle est la puissance d'un drame bien joué! telle est l'autorité d'un talent vrai, sincère! telle est surtout l'éternité impérissable des chefs-d'œuvre! Oubliez-les, tourmentez-les de toutes façons, ajoutez, retranchez, écrasez-les sous votre admiration, sous votre dédain; fermez les yeux aux clartés de ce nuage, foulez à vos pieds insolents les fleurs divines de ce désert, le chef-d'œuvre s'inquiète peu de vos louanges ou de vos blasphèmes; il attend l'heure, il attend l'occasion ou le prétexte : — une âme à guérir! — un poëte à sauver! — Le moindre prétexte lui suffit. Soudain il se montre plus éclatant et plus jeune que jamais! C'est lui, le voilà, je le reconnais! Voilà bien sa souveraine beauté, sa grâce princière, sa gloire élégante! Je reconnais sa démarche, son épée, sa parole grande et véhémente. — Salut à toi, mon immense orage, qui courbes toutes les têtes, qui fais frissonner tous les cœurs!

Je sais bien ce que disent les fanatiques sincères, les hommes sérieux avec lesquels il faut compter. « Eh quoi! disent-ils, vous avez touché au drame de Samuel Richardson! vous avez porté vos mains impies sur ce merveilleux travail, sorti tout armé de la pensée, de la vertu d'un si patient artiste! vous avez réduit... en deux tomes, en trois actes, cette comédie vivante, immense, écervelée, éternellement remplie de douleur, d'enthousiasme, de pitié, de terreur!... Allez, cachez-vous, vous avez commis là une trahison, un meurtre, une cruauté, une injustice! » Disant ces mots, ils s'agenouillent devant la blanche statue de Clarisse Harlowe, tout prêts à la défendre contre les profanateurs! « Non, reprennent-ils, nous vivants, ô sainte fille des anges! on ne touchera pas à un seul pli de ta robe, on n'arrachera pas une seule des broussailles qui blessent tes pieds adorés! Non, telle nous t'avons vue et telle tu resteras! Nous te voulons comme tu étais d'abord, comme tu es, comme tu seras toujours! A toi notre vieux marbre, taillé dans un bloc si pur par la main paternellement amoureuse du père Richardson! Clarisse, Clarisse Harlowe! notre drame, notre poëme, notre évangile, notre première et notre plus chaste passion, la sainte émotion de notre jeunesse, notre première et notre plus charmante douleur! » Et ce sont des larmes, et ce sont des sentiments, et ce sont des admirations,

et malheur à qui viendrait changer un mot, un
seul mot, à l'ensemble du chef-d'œuvre! Beau
livre! livre tout-puissant! admirable monument
dont la vie s'est éloignée! Mais passez dans le
désert où le temple est encore debout; entrez à
l'heure de minuit dans ce *Campo Santo* où dor-
ment pêle-mêle tant de passions, tant de trésors
divinement prodigués, infernalement employés
et soudain vont se dresser à vos yeux éblouis
épouvantés, Lovelace, le *monstre énorme*, les
Harlowe, ces âmes pétries de boue, éprises du
gain et de l'intérêt, et miss Howe, ce modèle de
l'amitié sérieuse, et la Saint-Clair, cette fange
et ces femmes, *ouvrières en corruption*, Sally
Polly, Dorcas, autant de *sépulcres blanchis*, et ce
Morden qui représente la vengeance, et ces valets
entachés du vice de leurs maîtres, et tant d'âmes
subalternes, et tant d'esprits à la suite, et tout ce
peuple, foule bruyante dont chaque tête a sa phy-
sionomie, son langage, son vice, sa vertu, et, en
un mot, ce monde attentif à cette œuvre de des-
truction, âmes viles, âmes nobles, âmes dégradées
passions soulevées par le mal, haines, lubricités
vengeances, dévouements, cœurs semblables à
l'opale aux mille couleurs, habits en taffetas
changeant, cris et grincements de dents, chansons
d'amour, chansons à boire, molles élégies, histoires

énergiques et terre à terre de la plus humble vie domestique, ambition bourgeoise, ambition de la cour, le soldat et le capitaine, le valet et le maître, la fille sainte et la fille de joie, le spadassin de la borne et le pair d'Angleterre! Tant d'agonies! L'agonie sur le fumier et l'agonie de cette âme qui s'endort dans le ciel, au concert des anges ses frères. Le fumier et les fleurs! « Pendant que tu cherches des causes à Rome, moi, retiré à Préneste, je relis les poëmes d'Homère! » Ainsi parlait Horace, il y a dix-huit cents ans. « Pendant que vous courez le monde à la suite du soleil, je vais pleurer à la vie, à la mort de Clarisse Harlowe! » Il y a comme cela des instants où le chef-d'œuvre reparaît, on ne sait pourquoi, on ne sait comment, dans la vie des hommes les plus occupés de leurs affaires, de leurs travaux, de leur ambition, de leurs amours.

Oui, ceci est juste; oui, vous êtes dans votre droit; oui, Diderot avait raison dans son emphase : adorez l'œuvre de Richardson jusqu'à la frénésie; qu'il soit défendu, sous peine de mort, de toucher au chef-d'œuvre, et que ce crime de lèse-majesté divine et humaine soit placé parmi les crimes sans miséricorde. Mais pourtant si le peintre, dans son enthousiasme, veut reproduire les traits charmants de cette fille adorée, si le poëte se veut inspirer de cette lente passion qui dévore et qui brûle, si le statuaire veut accomplir dans son argile riante quelques-unes des beautés qu'il aura entrevues, si l'écrivain lui-même, épris de tant de génie, se met à écrire à sa façon, mais en toute humilité, en tout respect, cette histoire qui est son rêve, irez-vous crier haro au peintre, au sculpteur, au poëte? Irez-vous leur dire qu'ils gâtent à plaisir votre idéal, et, au contraire, ne sera-t-il pas plus juste et plus digne d'une admiration sincère comme est la vôtre, d'encourager ces adorations éloquentes? L'œuvre existe, elle brille pour vous qui pleurez, elle brille pour moi qui souris, elle brille pour toi, mon artiste qui copies, pour toi, mon poëte que ces grandeurs font rêver. Que dis-je? l'œuvre existe à condition qu'elle sera féconde, féconde en leçons, féconde en préceptes, féconde pour l'étude, pour l'imitation, pour l'art, pour la poésie, pour toutes les âmes malades, pour tous les esprits d'élite qui touchent d'une main pieuse à ces reliques vénérées. Ne me parlez pas d'une admiration stérile, ne me parlez pas de cette adoration égoïste et du bout des lèvres à l'usage des vieilles dévotes qui égrènent leur chapelet dans leurs doigts amaigris par la mort; parlez-moi d'une foi vive, active, véritable; de la foi qui agit, qui soulève les montagnes, qui produit les miracles; païens, restez prosternés aux pieds d'argile de votre fétiche; adorateurs du vrai Dieu, levez-vous et prêtez l'oreille aux chants sacrés qu'accompagnent là-haut les harpes d'or.

Voilà pourquoi il ne faut pas crier au meurtre quand, par hasard, une main, même inhabile, pourvu qu'elle soit désintéressée et loyale, se met à refaire les vieux temples, à arracher des vieux marbres le lichen et la mousse, à recomposer les ruines saintes dont le temps a jonché les *champs où Troie a vécu*. De cette imitation, même féroce, quelques beautés peuvent surgir; de ce pieux exemple, même maladroit, quelques croyances peuvent éclore. Eh quoi ! parce que j'aurai voué un culte à l'image que vous adorez au fond de votre âme reconnaissante et silencieuse; parce que, pour parer de mon mieux votre idole, j'aurai dérobé des perles à tous les colliers, des fleurs à toutes les couronnes, des vers à tous les poëtes, des chants à tout ce qui chante, des rêves à tout ce qui rêve, des larmes à tout ce qui pleure, de l'espérance à tout ce qui espère, du désespoir à tout ce qui est maudit; parce que nuit et jour ma pensée active sera revenue par tous les sentiers pour déposer son butin de la veille aux pieds de votre dieu; parce que je n'aurai pas été plongé toute ma vie dans votre adoration muette, dans votre admiration stérile; parce que j'aurai osé, moi profane, lever un coin de ce nuage de pourpre dont s'entoure votre Psyché puritaine, irez-vous donc me vouer à l'exécration du monde et me traiter comme un Vandale, comme un autre Attila, fléau de Dieu et des œuvres antiques? Non certes, et ce serait une injustice cruelle, une injustice criante; ce serait châtier sur un seul homme tant de grandes autorités qui ont osé discuter l'œuvre de Richardson : M. de Chateaubriand, qui s'écrie : *Rien ne vit que par le style*. M. Villemain, notre maître, qui nous a enseigné à donner à *la fiction des proportions plus humaines;* Voltaire, qui s'écrie qu'il faut en finir avec *ces longueurs;* les Anglais eux-mêmes, ces grands amis de leurs chefs-d'œuvre, qui s'écrient: Walter Scott, *qu'il faut être patient;* lord Byron, *qu'il faut abattre la moitié de l'édifice;* le docteur Johnson, *qu'il y a de quoi se pendre d'impatience;* lady Montaigu, *qu'elle est fatiguée de se réveiller toujours dans le parloir de Cèdre;* et tant d'autres autorités puissantes, j'en conviens, mais récusables, à tout prendre. C'est si vite dit : *Coupez! retranchez! arrangez!* que l'on peut se fâcher contre ces conseillers. Mais cependant, vienne un homme plein de zèle et de patience, qui se mette à genoux pour essuyer un peu de toute cette poussière, irez-vous vous emporter contre cet hommage reconnaissant et désintéressé d'un pauvre artiste qui entreprend, sans aucune espérance de gloire et de louange, à ses risques et périls, un travail stérile, impossible, périssable, travail d'un jour, restauration d'une heure, quelque chose qui ressemble à l'archet de Paganini, au piano de Listz, quand Listz ou Paganini s'inspirent soudain de quelque beau passage de Beethoven ou de Mozart? L'écho sonore emporte la note de l'archet, l'idée du maître reste éternelle; le piano sonne et chante à la façon de Listz, mais quand l'instrument se tait, le génie évoqué par lui rentre dans la plénitude de ses droits. Ainsi donc, pardonnez-moi, ô vous les admirateurs dévoués du maître Richardson, si je joue, à ma façon, quelques variations sur mon instrument rebelle et discordant :

Nostra tuos olim si fistula dicat amores!

Voilà ce qu'on pourrait dire pour excuser Mlle Rose Chéri, si Mlle Rose Chéri, heureuse entre tous les artistes qui ont touché à *Clarisse Harlowe*, ne portait pas en elle-même son pardon et son excuse.

Téméraire, elle a été téméraire sans le savoir,

sans le vouloir. Elle s'est passionnée, elle aussi, pour ce grand drame qu'elle entendait raconter pour la première fois il n'y a pas vingt jours; elle a étudié au fond de sa propre conscience l'âme et le cœur de Clarisse; elle s'est dit, l'habile femme, que Richardson son père était assez fort pour la soutenir, pour la porter jusqu'au but, et, ceci dit, elle a marché !

Pour le succès d'une pareille œuvre, pour que la jeune actrice habillée et parée à ravir, comme une jeune fille du plus grand monde, puisse plaire à toute cette foule, à son premier sourire, à son premier sanglot; pour que le narrateur qui raconte ce drame soit écouté avec des transes horribles, il faut admettre nécessairement que le drame primitif est su par cœur, que le livre complet a passé sous les yeux et dans l'âme du lecteur.

Quand donc vous me parlez de ces drames tout faits, l'honneur éternel de l'imagination et du génie de l'homme, je me suis déjà formé à l'avance une image idéale qu'il ne faut pas trop contrarier. Je connais vos héros, je sais leur nom, j'ai vu leur visage; Clarisse! je l'ai trouvée; mais Lovelace, où le rencontrer jamais? Dans quel ciel? dans quel enfer? C'est un de ces êtres formidables qui échappent à tous les efforts par leur variable et infinie perversité, par leur caprice, par leur orgueil; Lovelace, c'est l'être impossible; il a discipliné tous ses vices en les domptant, il a réglé toutes ses vertus en les corrompant; il possède pour son usage je ne sais combien de sortes d'esprits qu'il emploie aux menus plaisirs de sa débauche, de sa malice, de son ironie personnelle. Création inexplicable et gigantesque, Dieu lui avait tout donné, la noblesse, la fortune, le courage, l'audace, la beauté; il pouvait être un grand homme, il a mieux aimé être un monstre et s'en aller gaiement à l'abîme, plein de son crime et de ses remords. — J'avoue que l'imitation complète de ce héros dans la poésie me paraît impossible! don Juan lui-même, don Juan en chair et en os, ne suffirait pas à représenter Lovelace! A don Juan pas une femme ne résiste, et s'il rencontrait dans ce chemin de ses licences une Clarisse, soudain, prosterné à genoux, tremblant, amoureux, don Juan se déclarerait vaincu. Nous n'aurons donc pas de Lovelace, non, jamais, même si l'on rendait à Frédérick-Lemaître son enthousiasme et ses vingt ans; mais telle est la grandeur et la beauté du livre de Richardson qu'un seul de ses personnages bien compris, un seul sur cent mille, va faire la fortune d'une comédie ou d'un drame, à plus forte raison si ce personnage est Clarisse

Harlowe ! Mlle Rose Chéri a dépassé dans ce rôle tout ce qu'on devait attendre de son intelligence et de son cœur. Aussi a-t-elle obtenu un succès d'émotions, de larmes, d'intérêt, de passion. La seule critique qu'on en pourrait faire, c'est que c'est là peut-être un visage trop jeune pour une douleur si calme. Elle a été ingénue, elle a été pleine d'abandon, elle s'est voilé le visage avec cette grâce pudique que l'on ne joue pas, que l'on n'apprend pas, qui vous vient à la pensée comme la rougeur vous vient au front ! Elle vous a de ces larmes qui vous brisent, de ces gémissements qui vous déchirent, de ces paroles... des riens, qui vont jusqu'à un vrai transport !

ALFRED DE MUSSET

UN CAPRICE

Vous vous rappelez, oh! c'est d'un peu loin, nous étions jeunes, et la personne aussi était jeune, une jolie jeune personne qui avait nom Mlle Despréaux; elle vous avait un pied, une main, une taille, et des yeux!... elle a encore ses yeux, son pied et ses mains... elle avait remporté les faciles couronnes du Conservatoire, et sur cette tête bouclée les couronnes répandaient comme une promesse de succès et de renommée. M. Scribe, qui toute sa vie a été à l'affût des jeunes ingénues nécessaires à sa comédie, rencontrant cette enfant si bien faite pour porter le tablier à dents de loup, sur une robe blanche que termine un pied de quinze ans, s'empara de cette jeune Despréaux, et il fit, tout exprès pour elle, cinq ou six petits chefs-d'œuvre de la matinée, des œuvres printanières, des élégances, des grâces,

des câlineries, *la Lectrice*, par exemple. Je vou[s]
laisse à penser le succès! lorsque soudain la petit[e]
Despréaux, l'ingrate! devenue Mme Allan, parti[t]
pour la Russie, où elle a vécu, où elle a régné douz[e]
à quinze ans, devinant, comprenant et représen[-]
tant de si loin toutes les nouveautés françaises[.]

Qui de nous savait, il y a huit jours, que la petit[e]
Despréaux était vivante, et qu'elle était revenu[e]
à Paris? Qui de nous se fût douté qu'elle allai[t]
reparaître, et, à la nouvelle de cette résurrection[,]
qui se serait douté que nous allions retrouve[r]
dans une comédienne russe une véritable comé[-]
dienne de Paris?

On ne s'y attendait pas, je vous assure, et la sur[-]
prise a été grande non-seulement quand on a re[-]
connu à son beau visage cette jeune premièr[e]
d'autrefois, mais encore lorsqu'on a pu voir qu'ell[e]
avait fait véritablement de rares progrès, et qu'ell[e]
revenait plus élégante, plus habile, plus ingénieuse[,]
plus véritablement comédienne qu'elle n'étai[t]
partie.

Bien mieux, la Russie nous rend, elle nou[s]
donne, elle nous indique une comédie charmante[,]
faite depuis douze ans, et dont peu de gens sa[-]
vaient le titre. Oh! la honte! dans cette disett[e]
de poëtes et de comédies, dans ce silence qui nou[s]
tue, dans cette mort du génie français, si habil[e]

naguère, inerte aujourd'hui, il faut que des étrangers nous révèlent nos richesses littéraires! Tant de faiseurs de comédies aux abois! tant de comédiens et de comédiennes qui se meurent faute d'un rôle! notre antique Théâtre-Français, le chapeau à la main, implorant l'aumône d'une idée à des vaudevillistes éreintés! — Et c'est la Russie qui nous avertit que nous ne sommes pas si pauvres que nous le pensons! et c'est Pétersbourg qui nous révèle un chef-d'œuvre inconnu des Parisiens! et la comédienne qui devait introduire M. Alfred de Musset au théâtre, il faut qu'elle soit la pensionnaire de S. M. l'empereur Nicolas Ier!

C'est une chose étrange, une chose vraie! les grands critiques, les oracles du foyer, les beaux esprits, les plus lents à comprendre le mouvement qu'ils n'ont pas donné, se regardaient hier avec un grand air d'étonnement après que Mme Allan eut raconté au public enthousiaste et charmé ce proverbe, cette comédie, ce murmure, ce dialogue de M. Alfred de Musset, *Un Caprice!* Il faut vous dire que jamais peut-être, jamais, que je sache du moins, un pareil succès, n'a accueilli une plus piquante et plus aimable fantaisie. Mon Dieu! c'est moins que rien, ce proverbe: une jeune femme, un jeune homme, une bourse en filet, trois personnages qui parlent, a demi couchés dans de longs fauteuils, une tasse de thé, une lettre, un salon et le coin du feu. Vous avez vu parfois quelque belle image parisienne dessinée au crayon rouge par M. Eugène Lami : c'est cela, mais avec cent fois plus de verve, d'esprit, de feu, de gouaillerie amoureuse, d'invention, d'imitation ! Ce merveilleux petit pastel exposé dans une douce clarté, à des yeux habitués comme les nôtres aux flamboyantes et rutilantes images de M. Eugène Delacroix ou de tout autre coloriste sans pitié, a charmé tout ce monde de femmes, de jeunes gens, de vieillards, d'incrédules, chacun de son côté, et pour son propre compte s'est mis à saluer, dans sa vérité gracieuse, ce petit coin de la Chaussée-d'Antin, mêlé de faubourg Saint-Germain. De drame, d'intrigue, de scènes filées, de nœuds noués et dénoués, d'incidents bien amenés, pas un mot, pas un soupçon, rien ; tout ce petit profil de comédie à la silhouette est d'une simplicité charmante dont on ne saurait vous donner une idée, et, pour ma part, je rougis de vous raconter si mal le contentement intime, la douce joie, le bien-être, le comme il faut, le *sentant bon* de cette ébauche à l'eau de rose, de cette débauche au petit vin de Pouilly, mousseux et petillant comme du vin d'Arbois !

Et là-dessus, pendant que le public applaudissait encore (j'ai vu le moment où la salle allait crier *bis !* et la pièce eût recommencé en effet à l'applaudissement général), les habiles du foyer s'abandonnaient à leurs mouvements nerveux. Ceux qui aiment le succès pour le succès, et qui acceptent l'enthousiasme comme on accepte, à genoux, quelque amour inespéré qui vous vient du ciel, se pavanaient dans leur contentement et dans leur joie. « Bon ! disaient-ils, en voilà enfin un, un tout seul, de ces grands esprits, qui réussit au théâtre, qui réussit sans le vouloir, sans le savoir ! Ils ont proclamé à tue-tête leur génie, leur inspiration, leur profond mépris pour le *métier*. « Le « métier ! fi du métier ! Molière était-il un homme « du métier ? » Et, ceci dit, ils allaient les uns et les autres ravaudant de vieilles comédies, rapetassant de vieux mélodrames, soufflant une âme d'une heure au cadavre de Colombine, d'Arlequin et de Pierrot ! Puis, ceci fait, ils se proclamaient eux-mêmes les sauveurs de l'avenir ! Ils se couronnaient rois du théâtre moderne ! M. Scribe et les autres n'étaient plus que d'informes piédestaux à ces fortunes imaginaires… Vous savez toutes les chutes de ces illustres génies, et comme ces Encélades sont tombés sous leurs monuments renversés ! C'était justice. Et pourtant, quand ils hurlaient contre le métier, ils ne songeaient pas que leur paradoxe allait obtenir ce grand triomphe dans le talent et dans la comédie de M. Alfred de Musset! »

Eh bien, je n'en sais rien, mais je suis sûr que ces grands homme auraient tout autant aimé que leur paradoxe n'obtînt pas ce triomphe inespéré. Maintenant, en effet, qu'il est bien décidé que ces illustres inconnus, malgré leur profonde ignorance du *métier*, sont absolument incapables de rien produire pour le théâtre, il est à croire que cela ne leur conviendra guère de découvrir que M. Alfred de Musset est en effet un véritable poëte comique, et que *cet ignorant* a écrit une comédie véritable tout simplement parce qu'il a, lui, beaucoup d'esprit, beaucoup de talent, beaucoup d'amour, de jeunesse, de jactance et de passion. « Avez-vous remarqué, leur disait un brave homme sans prétention au génie, avez-vous remarqué, mes chers amis, l'attitude du public à cette comédie toute française qui nous revient de si loin? Quelle attention! quel silence! quelle joie intime dans cet auditoire charmé d'entendre parler soudain ce beau langage! Comme on trouvait que ce dialogue était vrai, et fier, et railleur, et gai, et d'un bon sel! Jamais, depuis cent ans au moins, les transports de Camille, les malheurs d'Andromaque, les colères d'Athalie, les crimes de Phèdre, n'ont ému le public autant que cette histoire mignarde d'une petite bourse brodée au métier. Les poignards, les coupes empoisonnées, et même les millions répandus par la comédie moderne autant que le sang par la tragédie d'autrefois, qu'est cela, comparé à l'angoisse de cette jeune femme qui pleure tout bas ce moment d'amour qui ne s'est pas envolé assez loin pour qu'on ne puisse le rappeler d'un sourire? Vous parlez d'intrigues, des intrigues romaines expliquées par le vieux Corneille, et du débat raconté par le Mithridate de Racine; mais ces péripéties politiques, usées jusqu'à la corde, les pouvez-vous comparer, pour l'émotion qu'elles procurent, au dialogue du maître et de son valet de chambre? — « Qui t'a remis cette lettre? — Le portier. — Et qui est ce portier? » Et, bref, tout le petit manége d'un homme qui cherche à deviner un secret sous lequel se cache une femme. C'est très-joli tout cela, et très-charmant!

Notez bien que ces beautés prime-sautières, ces aimables détails, cet imprévu, ce hasard gai et pimpant, cette page de prose qui devient une comédie chez nous parce que la Russie a deviné la première que c'en était une, on n'explique pas ces choses-là au public, qui les applaudit et qui les aime d'instinct, comme il aime tout ce qui est vif, net, élégant, bien dit, bien fait; mais ces choses-là on les explique aux habiles gens qui ne veulent pas voir, qui ne veulent pas entendre, qui disent, l'épaule levée : « C'est un jeu de M. Alfred de Musset! c'est un caprice venu de Saint-Pétersbourg! c'est une gageure de Mme Allan! C'est qu'hier le public, fatigué et rassasié des émotions de la veille, se sera délassé avec joie à ce récit d'une anecdote de rien! Mais appeler une comédie si peu que cela! y pensez-vous? — Eh! oui, Messieurs, on y pense; et, vous aurez beau dire, ce petit *caprice* est bel et bien une comédie! une comédie qui sera jouée vingt ans, une comédie qui sera jouée désormais toutes les fois qu'une belle personne voudra se montrer dans un très-aimable rôle, moitié gaieté et moitié sentiment, d'une vivacité un peu vive, mais relevée si bien par le bon goût et l'à-propos; une comédie que Marivaux voudrait avoir faite, voudrait avoir écrite et qu'il eût signée avec bonheur; une comédie, j'en suis fâché pour vous, que ce poëte Alfred de Musset a faite en se jouant, entre deux poëmes, entre deux fêtes, pour remplir quelque petite lacune de revue, qu'il avait oubliée, dont vous ne vouliez pas vous souvenir, et que la Russie applaudissait franchement comme une très-exacte et très-fidèle image de ce beau Paris étudié dans ses calmes, élégantes et amoureuses hauteurs.

D'ailleurs, pourquoi tant s'étonner? pourquoi ceci et cela, et tant de dissertations pour cette comédie, contre cette comédie? La seule surprise en tout ceci, c'est que le Théâtre-Français ait attendu si longtemps avant de faire cette belle trouvaille. Que M. Alfred de Musset soit un poëte charmant, un des plus vrais et des plus piquants disciples de Régnier, l'homme aux grâces éternellement nouvelles; que cette muse gauloise et galloise porte à merveille la cape et l'épée, qu'elle ait l'allure dégagée d'un jeune homme à ses premières armes de guerre et d'amour, qu'elle aime le vin, la chanson, la bombance et le jupon court; qu'elle ait des jurons, des serments, des cocardes, des échelles, des cabarets et des bosquets pour toutes les positions de la jeunesse; que le vermillon lui plaise sur la joue, sur les lèvres, au bout du sein, et aussi tout ce qui luit, tout ce qui reluit, tout ce qui brille, tout ce qui galope : la soie, le velours, le diamant, l'éperon, le cheval, le plumet, le coq-plumet, les belles hardes brillantes de toutes les variations que l'aiguille peut donner au fil d'or et d'argent; que tout cela joue, et chante, et psalmodie les mélodies amoureuses du moi de mai sous toutes les fenêtres où quelque belle forme se montre à demi cachée dans les clartés de la lune de miel, voilà certes ce qui ne fait aucun doute. M. Alfred de Musset est un vrai poëte, amoureux, badin, jovial, et parfois si tendre, si mélancolique, si plein d'images calmes, timides reflet d'un astre dans le lac argenté, chacun l'avoue, chacun le reconnaît : sa chanson est un peu dans toutes les mémoires, ses amours ont été dans tous les cœurs. On a fabriqué peut-être cent mille guitares depuis quinze ans, uniquement pour donner des sérénades sous la fenêtre de ses marquises. De tout cela on convient volontiers ; mais convenir, là, tout de suite, en vingt-quatre heures, que ce poëte, qui ne se doutait pas de son bonheur, a fait une charmante comédie sans même savoir ce que c'est qu'une comédie ; convenir de cela tout d'un coup, quand on a été sifflé vingt fois et qu'on a encore vingt comédies en portefeuille, avouez que c'est diablement dur !

Franchement, je reconnais que c'est là, en effet, une chose cruelle également pour le parti des vieux faiseurs, qui sont restés fidèles au *métier*, et pour la fraction des improvisateurs, enfants du caprice et de la fantaisie. Ceux-ci autant que ceux-là ont dû perdre toute contenance en voyant le succès de ce *Caprice*. Allez-donc, en présence d'un succès pareil, tombé des nues, vous briser le crâne à combiner des *Paysans*, des *Martin et Bamboche*, des machines pareilles au drame que voici : *Faute d'un pardon !* Vous vous mettez en rage pendant dix actes et durant six heures d'horloge, vous suez sang et eau, vous combinez, vous arrangez, vous mêlez, vous broyez du noir, vous entassez les désastres sur les cadavres, et sur les inondations les incendies; puis, quand votre travail de ténèbres est lancé dans le vide de l'Odéon, et que vous en attendez les plus grands résultats, vous entendez sourire à votre droite, à votre gauche, vous demandez de quoi il s'agit.... On s'occupe non pas de votre fantôme, mais à savoir comment la marquise de M. Alfred de Musset viendra au secours de la baronne! Vous pensiez, malheureux poëte, que votre victime qui meurt, *faute d'un pardon*, après avoir subi les plus cruelles tortures de l'âme et du corps, mouillerait au moins d'une larme légère la paupière de quelques femmes sur le retour... hommes et femmes ne sont occupés en ce moment qu'à compter le nombre de morceaux de sucre que ce beau jeune homme va jeter dans la tasse de cette belle dame!

Ce *Caprice* qui, d'un mot, réduit à néant *le Manteau*, de M. Andrieux, et tous les chefs-d'œuvre de la même force, c'est à désespérer vraiment et pour tout à fait de l'avenir du drame et de la comédie! Que cela fût devenu impossible, de faire une comédie, c'était déjà bien étonnant; mais que tout d'un coup un simple dessinateur d'esquisses au fusain se soit élevé à la hauteur d'un vrai poëte comique, voilà le coup de massue, parce que personne maintenant ne peut rien y comprendre un public si blasé la veille, et le lendemain a soir acceptant avec un empressement fébrile cett comédie de keepsake et de boudoir; un spectateu qui n'était pas content à moins de quinze ou ving meurtres par comédie, et qui se passionne pou une petite bourse rouge contre une petite bours bleue! la comédie recevant à bras ouverts u simple proverbe, et ce maudit *Caprice* de M. Alfre de Musset et de Mme Allan inaugurant follemen l'éclatante et élégante dynastie des petits drame rêvés, chantés et raclés sur la guitare amoureuse la comédie du sans façon, du sans gêne, de l'eau bouillante de la théière inspiratrice du *Spectacl dans un fauteuil!*

Qui vous eût osé prédire cette révolution d trois heures, lorsqu'en plein 1830, huit jour après la *Circé* de M. Barbier, ce poëte qui eut l bruit et la durée d'un grand cri, je ne sais que vent goguenard nous lança le tome naïf de *Contes d'Espagne et d'Italie?* Vous rappelez-vou la stupeur, et comme on s'est amusé (au milieu d tant d'affaires!) du grand point sur un *i?* Vou rappelez-vous l'admiration de quelques gens qu avaient déjà assez de loisir, même en ce temps-là pour remarquer l'énergie, le brio, l'éclat, la verv paradoxale, impertinente et bouffonne de cet enfant qui portait dans son poëme des sens et de la forme matérielle le doute et le néant des vieillards? Les uns avaient peur, les autres riaient de ce nouveau venu, tous s'en occupaient avec intérêt, artiste, marquis, avec cette curiosité que nous inspirent toujours l'imprévu et l'avenir! Lui cependant, moitié folie et moitié impudence, ivre de vin, ivre d'amour, de poésie et surtout de jeunesse, également disposé aux morsures et aux baisers, bon au souper, bon à la fête, pas mauvais à la danse, querelleur et bon diable, vrai dans son débraillé, vrai dans sa tenue de gala, sous la blouse et sous l'habit de bal, l'ami des jours fériés, le héros des plus beaux salons, bras dessus, bras dessous, avec les duchesses, et ne dédaignant pas la grisette en petit costume, mêlant la fumée du tabac à la senteur du patchouli, passant de Parny à Rouget de l'Isle, parodiant de la meilleure foi du monde *la Marseillaise* et *Fleuve du Tage*, que vous dirai-je? de quoi occuper tous les esprits, de quoi endormir toutes les consciences, de quoi amuser toutes les fêtes, de quoi fournir à tous les amours!

Le grand dieu inspirateur de ce jeune fou, qui avait trouvé on ne sait où, sur quel gazon, dans quel abîme, sous quel sofa jaseur, la baguette des fées, c'était le hasard, l'imprévu, le moment qui passe, l'heure qui fuit, l'étoile qui brille là-haut, le nuage qui tombe, l'éclair, la fumée.

Le public l'acceptait ainsi, et il aimait son jeune poëte en conscience, non-seulement lui passant et lui pardonnant toutes ses folies, mais encore l'encourageant et l'excitant à en faire de nouvelles! Plus M. Alfred de Musset se moquait du monde, et plus le monde était content. A-t-il souri à la barbe des gens!... et c'est depuis ce temps-là que s'est établie la mode des longues barbes! Il était un repos, il était une consolation; il nous consolait des comédies de M. Ancelot, des tragédies de M. Ancelot, des vaudevilles de feu M. Ancelot; il nous reposait des quelques efforts surnaturels qui se faisaient en ce moment solennel dans l'art et dans la politique de ce temps-ci; il avait les grâces, l'originalité et les crimes d'un enfant mal élevé et plein de génie.

Donc il fut reçu comme il voulait être reçu; il fut écouté, entouré, imité, fêté; on lui donna, tant qu'il voulut en prendre, de la renommée et du bruit; on le traita en enfant gâté, on crut à ses maîtresses, à ses chansons, à ses haines si vite apaisées, à ses amours sitôt rompues. Hélas! il fallut bien croire aussi à ses contes, et enfin à sa paresse, sa chère paresse; sa douce muse, la vraie muse, après tout, la vraie fortune et la vraie popularité de l'écrivain : peu écrire et beaucoup rêver, se coucher dans les feuilles mortes jusqu'au printemps, comme fait la marmotte, grignoter ensuite un bout d'écorce, et en voilà pour toute l'année! ne pas être prodigue de ces biens si rares : l'imagination et le génie! ne pas chanter toujours pour les autres, jamais pour soi! ne pas conserver pour l'arrière-saison un seul petit conte de bonne femme que l'on puisse redire à ses petits-enfants, sans que les enfants vous arrêtent d'un doigt moqueur : *Connu, connu, grand-père!* Si donc M. Alfred de Musset doit beaucoup à son esprit, qui est une des plus surprenantes choses de ce siècle, il doit beaucoup plus encore à sa paresse. Homme heureux, prudent et sage dans ses folies, dans ses délires, il a su se renfermer dans quatre petits volumes, dont il ne sortirait pas volontiers; heureux petits volumes, dans toutes les mémoires amoureuses, dans toutes les bibliothèques irrégulières, pluie et soleil, conte et chanson, des poëmes, des comédies que vous retrouvez dans toutes les mansardes, entre les *Cinq Codes* et les chansons de Béranger!

DE BALZAC

MERCADET LE FAISEUR

JE commence, et ceci en toute sincérité, par reconnaître le vif esprit, l'insolence, la crânerie impérieuse de cette comédie ornée d'un si grand nom. Elle a réussi d'un bout à l'autre ; elle a été fort applaudie, et trop applaudie ! elle a fait rire, elle a fait peur ; elle est jouée à merveille, elle sera une fortune et une fortune sérieuse pour le Gymnase ; on ira, on ira en foule à ce spectacle étrange, d'un rire inattendu, d'une verve inespérée. Il y a là dedans du Balzac, du vrai Balzac, il y en a beaucoup.

Cette comédie, enfant perdu de ses derniers loisirs ; cette histoire de *l'homme d'affaires*, tel qu'il s'est révélé à cet esprit sagace, à ce rire bruyant, ont trouvé le public attentif.

Quand on est mort, on se permet bien de

choses, on donne bien des libertés à son génie, on ne s'inquiète guère d'un barbarisme; par exemple, on intitule sa comédie: *le Faiseur*,—le faiseur de qui? le faiseur de quoi? — Warwick, *le faiseur de rois*, cela se comprend; *le Faiseur* tout court, c'est de l'argot, et M. de Balzac ne haïssait pas l'argot: il trouvait que ça donnait une certaine couleur à sa page la plus délicate; il aimait aussi le patois: ça le reposait du bon français! Pour peu qu'il eût besoin d'un mot nouveau, il le faisait. Il était en ceci de l'école de Ronsard en son *Art poétique françoys*: « Tu sauras dextrement choisir et approprier à ton œuvre les vocables les plus significatifs de nostre France; ne te faut soucier s'ils sont *gascons, poitevins, normands, manceaux, lionnois*, ou d'autres pays, pourveu qu'ils soient bons. » Malheureusement l'argot et le patois ne comptent pas à qui veut mériter l'insigne honneur d'être compté à la tête des bons et solides écrivains de cette nation, envahie, hélas! de la tribune solennelle aux livres les plus obscurs, par le charabia universel. Va donc cependant pour *le Faiseur*, puisque aussi bien il n'y a qu'un mot qui serve! *Le Faiseur* de M. de Balzac, qui lui-même a *fait* tant de choses, a passé à travers les fortunes les plus diverses: inconnu et célèbre, couvert de malédictions ou de louanges, pauvre aujourd'hui, riche demain! On pourrait l'appeler le Figaro du ruisseau! Il est l'image la plus ferme de l'espérance ici-bas; il ne croit à rien, il croit à tout; il rêve les yeux ouverts, et quand il se réveille, c'est pour jeter l'esprit, le bon mot, le paradoxe à pleines mains. Quel homme! Rien ne l'abat, et rien ne l'étonne! Il doit... tout ce qu'il a, et très-sérieusement il se bâtit d'éblouissants châteaux en Espagne; il prend des deux mains, il ne dort que d'un œil; il est roi, il est maître, il est valet; il s'humilie, il commande; il pleure, il rugit; il ne connaît ni la montée ni la descente aux sentiers qui mènent à la fortune; il est fourbe, mais si peu! il est fripon, mais dans des limites si naturelles! la loi n'a rien à y voir, et même le mépris du monde ne saurait l'atteindre. Et cela dure tout le premier acte; et pendant cet acte, qui est long, l'ironie et la folie-Balzac s'en donnent à cœur-joie, allant, jugeant, inventant et riant de façon à se désopiler la rate une fois pour toutes!

Ce Mercadet qui se vante à sa femme, c'est-à-dire à la seule estime qui lui reste, de cette habileté qu'il ferait mieux de cacher à toute la terre, est une des fantaisies les plus inattendues de M. de Balzac; on le cherche, on ne le trouve pas toujours dans ce dialogue heurté, dans cet esprit sans rémission, dans ce choc ingénieux, mais fatigant;

de mille opinions très-contestables. Il joue en ce moment au paradoxe, tout comme il jouerait à la raquette : ça va, ça vient, ça brille, ça rebondit, et le volant ne tombe jamais! Quel homme! Et quand on pense qu'il ne s'est pas douté, dans la scène de Mercadet avec le créancier pleurant, qu'il copiait Molière en personne! Ah! oui, Molière! vous nous la donnez bonne avec votre Molière! Et pourtant rien n'est plus vrai : la comédie interminable du débiteur et du créancier, le duel du *doit* et de l'*avoir*, cela se trouve en entier dans une scène de *Don Juan*, la fameuse scène entre don Juan et M. Dimanche, quand l'élégant et spirituel gentilhomme, aux prises avec ce bourgeois qui l'a nourri de son pain et vêtu de son drap, fait en sorte et si bien que le mot *dette* et le mot *argent*, deux paroles qui blessent ses oreilles délicates, ne sont pas prononcés une seule fois par ce pauvre diable qui est enchanté, en fin de compte, et charmé de ce grand seigneur qui le met à la porte d'un si beau geste. Heureusement que vous savez cela par cœur, et vous faites bien : ce sera un préservatif excellent contre le trop brillant et le trop humilié Mercadet, à genoux devant ses créanciers, à genoux et le front jusqu'à la terre, et les priant, et les suppliant, et brossant même leur chapeau! Il brosserait leurs bottes au besoin, et je ne vois pas, à vrai dire, puisqu'il a plu à M. de Balzac de rire à ce point de son bouffon, de quel droit il nous le donne, en effet, comme le plus habile, le plus rusé et le plus astucieux de tous les hommes. Entre don Juan et ce Mercadet, il faut choisir! Il en est de la comédie comme de ces dieux des Romains que *l'on ne faisait pas avec toutes sortes de bois*, dit Apulée : il les faut faire avec certains matériaux choisis et par des ouvriers faits exprès.

Donc tout ce premier acte, d'une gaieté folle et voisine de l'ivresse, extravagant autant qu'on peut l'être, prendra sa place au premier rang des pantalonnades les plus heureuses et des farces les plus habiles. On a tant dit et tant dit à M. de Balzac qu'il avait l'esprit gaulois, qu'il se trouvait dans son droit et dans son domaine toutes les fois qu'il écrivait la comédie affolée et sotte de quolibets à la façon de Scarron, ou le conte graveleux à la façon de Marguerite de Navarre! Une fois lancé, il allait plus loin que le *Conte des Trois Commères*, et il dépassait *Don Japhet d'Arménie!* Il a fait déjà des comédies, et grâce à tout l'esprit qu'il y a dépensé, on les a regardées comme d'immenses *blagues* (parlons argot, nous aussi) dans lesquelles l'auteur, affriolé de vin d'Anjou, se moquait des autres et de lui-même. Monsieur rit, Monsieur s'amuse, Monsieur se chatouille pour se faire rire,

Monsieur s'enveloppe dans la peau tannée de Tabarin ; c'est son droit : il a tant travaillé que toute espèce de repos lui doit être permis. Caton buvait et Socrate jouait aux onchets, M. de Balzac peut bien jouer à la comédie ! Les *Ressources de Quinola !* quelle plus admirable bouffonnerie ? — Et *Vautrin,* quelle école ! On lui fit l'honneur d'en avoir peur, on le supprima, ce qui est toujours cruel, injuste, absurde, odieux, après les justes exigences de la censure ; et la chose est si vraie que deux ans plus tard, quand la Gaîté voulut le remettre en lumière, ce *Vautrin,* M. de Balzac lui-même, qui avait parfois du bon sens dans sa propre cause, écrivit au directeur de la Gaîté qu'il allait lui faire un procès. Or ce Vautrin est un *faiseur,* Quinola est un autre *faiseur,* Mercadet un troisième *faiseur.* Eh quoi ! toujours des *faiseurs,* rien que des *faiseurs !* Et ce bel esprit en belle humeur, ce génie en goguettes, ce Béroalde de Verville en gaieté n'a-t-il donc jamais entendu cette voix du public qui, trouvant un conte là même où il cherchait une pièce, criait à l'auteur : « Allons ! çà, pourquoi tenter l'impossible ? » *Studium quid inutile tentas ?* disait Martial.

Or savez-vous pourquoi M. de Balzac se plaît à retracer sans fin et sans cesse cette image du faiseur, cette forme nouvelle du chercheur de pierre philosophale et d'inventeur des nouveaux mondes ? Il aime le *faiseur* parce qu'il aime l'argent ! Il y a de l'argent dans tous les livres de M. de Balzac ! C'est son rêve, l'argent ; c'est son Apollon, l'argent ; c'est sa muse, l'argent ! Après avoir tourné heureusement autour des aimables passions et des enchantements divins de la jeunesse passagère, il est revenu à sa folle du logis, à l'argent ! Il s'enivre de ce bruit d'écus, de ce frôlement de papier de banque, et des cris étouffés du coffre-fort, quand la serrure aux mille plis permet à l'avare de contempler son trésor à la lueur d'une lampe fétide ! Oui, ce romancier si parfaitement habile à nous montrer les grâces, les vapeurs, le charme, les gloires de la vie heureuse ; ce merveilleux indicateur des plus imperceptibles mouvements du cœur de l'homme... et de la femme ; cette bonne d'enfants à peine sevrés, ce rude instituteur des plus sauvages natures, cette marchande de modes, savante à marier l'une à l'autre la forme et la couleur ; ce pédant qui porte la flamme en sa férule, cette vieille portière accroupie, au milieu de l'hiver, sur son gueux rempli de cendres froides, et cette duchesse en son ronron de Versailles, et cette fraîche grisette aux lilas de Romainville ou dans la ronde harmonieuse du bal de Sceaux ; oui, cet être multiple, ingénieux, odieux, brutal, charmant, la corruption même et l'innocence en personne, aujourd'hui la reine des courtisanes et le lendemain le roi des repris de justice, un si grand seigneur, un si bon bourgeois, un si fameux aventurier, le Christophe Colomb de la rue Soly et le Pizarre du faubourg Saint-Honoré, le sourire et le râle, le squelette et la fleur, l'âme et le corps, la dentelle et la bure, le haillon et la pourpre, la hotte et le trône, le crochet et le sceptre, le vin généreux des gais coteaux et l'eau-de-vie en feu dans l'écuelle des mendiants, le poëte et le soldat, le médecin et le curé, le Napoléon et le Rétif de La Bretonne du conte bien fait, l'Homère en patois et la nature humaine, le La Bruyère et le Piron de ce siècle des infamies, des lâchetés et des élégances exquises, après avoir épuisé le bouquet et la mousse amoureuse du vin d'Aï, s'est enivré d'alcool, et, déserteur de ces belles passions, traître à ces belles mœurs, tombé en méfiance de sa valeur personnelle,

Non est certa meos quæ forma invitet amores.

il est devenu tout d'un coup (dans ses livres, bien entendu) l'homme le plus passionné *pour les biens de fortune,* dirait La Bruyère, qui se soit jamais rencontré dans aucune littérature ! A ce moment de la précoce décrépitude de M. de Balzac (même dans ses meilleurs livres : *Eugénie Grandet, la Vieille Fille, la Peau de chagrin, le Père Goriot, le Grand Homme en province*), on n'entend que le son des louis d'or mêlé au bruit des écus! Dans ces livres, où la couleur fauve domine à chaque page, on voit ruisseler les millions par centaines, et le poëte est le premier à s'enivrer de ce bruit sonore qui l'excite et l'anime autant et plus que le frôlement d'une robe de soie ou le craquement d'un soulier neuf. Ah! quelle fatigue et quelle misère quand on voit un si bel esprit ne plus s'occuper qu'à arranger, à combiner, à déranger des sacs plus ou moins remplis jusqu'à la gueule, et n'être gai, et n'être heureux, et n'être soi-même qu'au beau milieu d'un coffre-fort! L'argent sera le malheur des livres de M. de Balzac, l'argent en est déjà le fléau! L'argent, ce héros sans entrailles, cet amoureux sans pitié, cet ami sans cœur, cette froide passion dont la poussière même est cotée, et que les doigts les plus rugueux ont plaisir à manier, afin que même de l'argent d'autrui quelque imperceptible parcelle reste à ces doigts semblables à des râpes! C'est donc ainsi que le *Faiseur* plaît à M. de Balzac; le faiseur ne fait pas de prose, il ne fait pas de vers, il ne fait pas de contes, il ne fait pas de statues, de musique ou de tableaux; il ne fait, il ne défait, il ne refait que de l'argent! — O vanité de l'argent! et comme M. de Balzac, s'il a réglé son livre de caisse avant de mourir, a dû être honteux d'avoir eu besoin de tout cet argent pour accomplir ses plus beaux contes! O misère de tant d'argent! — Il en a tant d'argent, s'écrie Sénèque, qu'il s'amuse à souiller son argent!

C'est un mot de la première duchesse de Maillé à sa fille, qui était charmante, et qui donnait un jour, de sa main non gantée, un écu à un pauvre : « Ma fille, disait la duchesse, mettez vos gants : même aux plus nobles mains, l'argent sent mauvais. »

Que de fois on aurait pu dire à M. de Balzac cette parole de la duchesse de Maillé! Hier encore, au Gymnase, à la fin de sa pièce ornée et parafée de sa griffe, à tout bout de champ, bref, au moment désespéré, et quand ce malheureux Mercadet, à bout d'inventions, de gaieté, de quolibets, de rires, n'a plus qu'à se pendre en riant, arrive le dieu, le vrai dieu, le seul dieu en plusieurs millions du roman de M. de Balzac, l'argent. — Il arrive par dix mille francs, par vingt mille francs, par trente mille francs, par cent mille écus. On voit les écus, on voit les billets, on voit le Pactole, et ça coule, et ça coule avec une rage incroyable. Ah! que d'argent! Eh! que d'argent! Euh! que d'argent!

C'était sa folie et sa manie : il ne croyait, sur la fin de ses œuvres, qu'à la puissance de l'argent, à l'esprit, à la gaieté, à la beauté de l'argent! Il se plaisait à marier, à tous les arrondissements et même au 13e arrondissement de Paris, le petit écu au louis d'or, la pièce de 50 c. au gros sou. C'étaient là ses travaux et ses plaisirs! Voilà comment, pourquoi et à quelles fins il a créé et mis au monde ce jovial Mercadet, un de ses bâtards, le dernier peut-être, son Benjamin, son dernier ami, son dernier sourire. Il avait fait pour Mercadet tout ce qu'il pouvait faire en nous le montrant si bonhomme à l'intérieur, un bon et fidèle mari, un bon père, après tout, ni libertin, ni joueur, ni politique, ni révolutionnaire, ni méchant homme, ni rien de ce qui est la médisance inutile ou la calomnie amusante. Il veut *faire*, et c'est là tout le mal! Je suis sûr que M. de Balzac eût donné beaucoup, mais là, ce qui s'appelle beaucoup, son meilleur conte, par exemple, pour cette fameuse trouvaille du baron de Wormspire jouant à l'écarté avec Robert Macaire, *son gendre*. « Roi! dame! valet! les points... » A quoi l'autre répond : « Dame! valet! roi! les points. Voyez-vous, beau-père, nous jouerions ainsi jusqu'à la fin du monde, nous ne nous ferions pas de mal! »

Il y a aussi dans le *Mercadet*, entre autres emprunts à *Robert Macaire*, la fameuse réunion des actionnaires, et le terrible M. Gogo. *M. Gogo est une canaille* (il demande des comptes)! Que Balzac devait admirer cette grande scène entre le joueur et l'argent! Qu'il a dû être jaloux de M. Gogo! et comme il devait répéter avec emphase : « Et demain! demain! à midi sans faute, la caisse sera ouverte... pour recevoir l'argent des nouveaux actionnaires. »

Ces choses-là sont des trouvailles de génie, et si l'univers les accepte, c'est qu'elles répondent à de certaines colères qui de temps à autre parcourent les multitudes comme un frisson! Ce *Mercadet* de Balzac, cette comédie en ruine, en tumulte, dégradée à plaisir, où le bon mot remplace l'action, la vérité, la force, l'intérêt, le dialogue, la passion; où l'esprit est tout, où l'art n'est compté pour rien; ce dieu Hasard remplaçant Apollon et les neuf sœurs; ce verre de cabaret plein de vin bleu qui est l'Hippocrène où se puisent ces rencontres, ces joyeusetés, sans souci du qu'en dira-t-on; ces tréteaux chers aux plus beaux esprits, cette farine et ces pois gris au milieu de l'étoupe enflammée, en voilà plus qu'il n'en faut pour détourner un instant l'homme d'État de son ministère, l'amoureux de son rendez-vous, la coquette de son miroir; le bel esprit de son tombeau! Laissez-moi cependant finir par une anecdote dont le héros est M. Dupuytren lui-même. On sait les tendresses que portait à M. Dupuytren M. de Balzac, et comme nous ne voulons pas voir l'illustre auteur de *la Comédie humaine* faire après sa mort autant de comédies que feu Théaulon a fait de vaudevilles, autant de drames que Schubert a fait de mélodies, notre petite anecdote ne sera pas déplacée ici, nous l'espérons.

Donc, M. Dupuytren avait fait à un brave homme de l'Hôtel-Dieu une certaine opération qui l'avait privé des joies de ce monde, et l'homme était sorti de l'hôpital bien content... Ah! le gaillard!

Un an après, l'homme opéré revient à la consultation de M. Dupuytren; il avait sous le bras sa femme qui était enceinte..... M. Dupuytren qui avait l'œil d'un aigle, comprit l'explication et l'arrêta d'un mot: « Ma chère dame, dit-il, vous êtes enceinte, cela s'est vu; mais je vous avertis que vous ne le serez que cette fois-là! »

Le *Mercadet* a réussi... Mais soyez tous avertis les uns et les autres, que de toutes les œuvres posthumes de M. de Balzac, le *Mercadet* seul pouvait réussir.

JULES SANDEAU

MADEMOISELLE DE LA SEIGLIÈRE

Vous demandez si *Mlle de La Seiglière* a réussi?... Écoutez ces rires, écoutez ces applaudissements du parterre, et la louange de ces esprits féconds et justes qui ne laissent rien échapper de ce qui est vrai, et dont le goût excellent (le goût de tout le monde, entendez-vous?) consiste à aimer, à sentir tout ce qui touche de près ou de loin à la nature! Si *Mlle de La Seiglière* a réussi? J'en atteste la gaieté et la joie de cette salle enjouée, heureuse, active, pénétrante, habile à tout deviner, et s'abandonnant, sans songer à mal, à cette raillerie innocente, à ce mépris sans colère et sans fard que soulève dans l'âme humaine ce je ne sais quoi d'étroit, d'égoïste et de plaisant qui amuse tout le monde et qui ne fait de mal à personne.

Autre chose est de rire et de s'amuser plaisamment des infirmités de l'âme humaine. Prométhée, au sommet de son rocher où la Nécessité l'attache de ses liens de fer, est une image terrible; le marquis de La Seiglière, échappé au vautour de l'exil et doucement enfoncé dans la médiocrité de sa vie, ni bon ni méchant, ni glorieux ni timide, ni envieux ni flatteur, content de lui, content des autres, content de tout, également à l'abri des mauvaises passions et des coups du sort, égoïste et bonhomme, peu jaloux de se venger du passé et de s'élever dans le présent, absolument incapable de résister à la multitude et de lui obéir; le marquis de La Seiglière est un drôle de sage qui nous plaît, qui nous amuse, qui nous fait rire sans nous fâcher. Il a franchement abdiqué une gloire qu'il sait au-dessus de sa condition présente; il a renoncé à toutes les conditions éminentes de la fortune; il obéit terre à terre à son petit génie, et son génie lui dit qu'il n'a rien à faire de mieux que ce qu'il fait tous les jours : vivre en paix et s'envieillir doucement dans sa paresse; laisser le hasard disposer de son sort, obéir à son caractère naturel et suivre en riant le sentier que l'exil a tracé à sa vieillesse inutile. Au fait, il n'a que cela à faire, le bonhomme! Il est né médiocre, il est né enfant; il a vécu en dehors de cette nation turbulente et glorieuse qui ne savait pas même s'il existait un La Seiglière ; il ne sait rien des grandes ambitions qui élèvent une âme virile et des grandes affaires qui la soutiennent : c'est un esprit timide, faible et sans expérience, rasant timidement la terre, dans une fade uniformité de petites passions, de vanités mesquines ; un *quiétiste,* pour tout dire, et qui s'endormira un beau soir dans toutes sortes de ridicules et de faiblesses qu'il n'aura même pas songé à cacher. Le voilà tel qu'il est, ce digne et charmant petit marquis de La Seiglière, notre fortune, notre joie et notre contentement de tout l'hiver.

On le voit tout d'abord tel que le poëte l'avait créé et tel qu'il nous l'a montré dans son livre, tracé d'une main si délicate et si ferme à la fois. Le marquis a vécu loin de la France, en Allemagne, loin du monde réel, prêtant de temps à autre une oreille épouvantée à ces grands bruits de guerre et de politique qui ont été la vie et l'éclat de ce siècle. Il a entendu parler, par hasard, du marquis de Buonaparte, de Marengo et d'Austerlitz ; mais il n'a pas voulu savoir ce que c'étaient, au fond, que cet homme et ces grandes batailles qui lui servaient de cortége et de famille — Leuctres et Mantinée, mes deux filles ! — Ainsi, le malheureux homme ! il s'est tenu à l'abri de ces passions, de ces surprises, loin de l'admiration et des respects qu'elle entraîne avec elle, loin de l'étonnement et de ses accablantes grandeurs; il n'a rien su, il n'a rien vu, à peine de loin un peu de poudre qui flamboie, un peu de gloire qui poudroie; il est né à demi, il s'est privé même de l'indignation et de la haine, comme de deux fardeaux trop lourds pour sa condition et pour son esprit. Ainsi, il ne sait ni mépriser, ni admirer, ni s'indigner : il ne sait rien! Une heure de plus de cette séparation de la France moderne, et il prenait définitivement son parti de cet exil commencé sous de lâches auspices : la peur! « La servitude avilit l'homme au point de s'en faire aimer! » Il y a bien de l'énergie et de la vérité dans cette pensée-là.

De quoi donc se plaint-on et pourquoi toutes ces fureurs de *premiers-Paris* et d'*entre-filets* (je vous prie, ô mon lecteur! de me pardonner cet argot) à propos de ce portrait rétrospectif de tant de vieux enfants que la première révolution a surpris brodant au tambour, et que l'exil a jetés sans rémission dans quelques-uns de ces recoins hospitaliers où ces âmes chétives ont vécu d'une vie de serre chaude, semblables à ces fœtus venant avant terme, et que l'on réchauffe entre des bouteilles d'eau tiède à défaut du sein maternel? A propos d'un aimable marquis, on se fâche, on se récrie, on accuse M. Jules Sandeau, comme s'il avait touché à l'arche d'alliance.

Soyez très-persuadés cependant que, si M. le marquis de La Seiglière revenait au monde, il serait très-étonné de tout ce bruit qui se fait autour de sa cendre légère. Il vivait encore lorsque dans plusieurs couplets immortels Béranger l'a chanté, la France entière répétant ces couplets goguenards, et il ne s'est pas fâché contre Béranger lui-même et contre son sarcasme immortel. Il avait en lui-même, ce bonhomme, la croyance de sa vie inutile, et pour se consoler il se disait parfois « qu'après tout, ce n'était pas sa faute, mais bien la faute des agitations et des tempêtes s'il n'avait pas servi la France de son épée »; il disait aussi « que, Dieu merci! il laissait après lui des héritiers de sa race, des continuateurs de son nom, des jeunes gens d'un noble sang qui répondraient de la gloire de sa maison et qui la recommenceraient au point même où l'avait laissée leur grand-père; ils disaient, les uns et les autres, le père et les fils qui allaient le ressusciter, ce que disait de la noblesse un ami de Voltaire, un gentilhomme, et, ce qui vaut mieux, un philosophe du dernier siècle, à savoir que « la noblesse est un héritage comme l'or et les diamants, avec cette différence pourtant que, si la fortune des gens riches se détruit par la dissipation de leurs enfants, la considération de la noblesse se conserve après que la mollesse en a souillé la source... Admirable institution, ajoute notre philosophe, qui, pendant que le prix de l'intérêt se consume et s'appauvrit, rend la récompense de la vertu éternelle et ineffaçable ».

En ceci se devait trouver non-seulement l'excuse du marquis de La Seiglière, mais la justification de M. Jules Sandeau. Il s'est moqué, j'en conviens, avec bien de la grâce et de l'esprit, d'un brave homme aussi loin de l'admiration que de l'estime; il a prouvé qu'il y avait certaines petites passions et certaines faiblesses qu'il est impossible d'aimer et de haïr, également loin du mépris et de l'estime; il s'est moqué de certaines infortunes d'autrefois que le public d'aujourd'hui accueille avec des éclats de rire inextinguibles. Oui, mais en riant du passé, il a respecté l'avenir; en se moquant du vieillard, il a salué le jeune homme; à l'instant même où il laissait entrevoir la vanité de ces vieillesses impuissantes parce que l'âge mûr a été inoccupé, il montrait à qui voulait les voir les espérances lointaines de la génération nouvelle, les promesses du jeune homme, les sourires de la jeune fille, ces vertus naissantes qui ont la grâce même des premiers jours du printemps, ces beaux regards, plus doux et plus beaux même que les premiers feux de l'aurore! A côté de cette âme endormie et conservant impunément tous ses vices, ce poëte que vous accablez de vos blâmes montrait ces âmes fières et délicates, disposées aux grandes choses, méprisant les petites passions comme on méprise une action honteuse, et réalisant de leur mieux cette parole des Tusculanes : *Il n'y a de bon et de beau que ce qui est honnête!* Ainsi l'auteur de ce beau livre allait lui-même, et tout le premier, au-devant de ces récriminations violentes, qu'on lui eût épargnées si on se fût souvenu de sa probité, de sa bonne foi, de cette fidélité sans arrière-pensée et sans défiance, de cette sincérité sans voile, de cette bonne foi indépendante de tout ce qui ressemble à l'intérêt, à la récompense, à l'ambition! M. Jules Sandeau a réveillé dans sa tombe, sans respect, ce vieil entêté de La Seiglière; eh! qui le nie? En revanche, il a mis aux côtés du vieillard, anges gardiens de cette enfance éternelle, Mlle de La Seiglière et son jeune cousin Raoul de Vaubert, deux belles et éloquentes imaginations, je l'espère! Est-ce donc que vous ne lui tenez pas compte de ces deux images? est-ce donc que l'élévation des enfants ne vous paraît pas suffisante à compenser l'obscurité des pères? est-ce que le bel officier de la garde royale ne rachète pas de son épée et de son courage la vie inutile de son aïeul l'émigré? « Où sont nos pères? » s'écrie en son désespoir le prophète Isaïe. *Où sont nos pères?* ce fut le premier cri des ressuscités de 1815. Et maintenant de quoi vous plaignez-vous? A quoi bon ces *appels comme d'abus,* si personne ne crie : *Où sont les enfants?*

J'insiste sur ces colères de *l'entre-filet* et sur ces plaintes du *premier-Paris;* j'insiste parce que je les prévois, parce qu'elles sont injustes et parce qu'elles affligeront, j'en ai peur, un des plus beaux esprits de ce temps-ci, mais un esprit délicat, timide, et qui n'est pas fait, que je sache, à ces résistances. Il faut qu'on l'aime tout d'abord pour qu'il soit tout à fait à son aise; il ne sait pas encore ce que c'est que la malédiction, l'objurgation, la colère des partis; il a été nourri du lait des plus délicates tendresses. La critique lui était si facile, et la censure lui était si légère, tant qu'il n'a pas touché à ces plaies, à ces misères, à ces décadences! On ne l'accusait pas alors d'inventer le fond des choses, on le remerciait de leur donner cette forme élégante; on l'aimait, on le flattait, on le caressait; il était un nom, il était une gloire; et maintenant, parce qu'il a réalisé sur le théâtre une de ses propres fictions, parce qu'il a dit à son héros : « Lève-toi et marche! » parce que, chassé du livre, sa patrie, il a conquis la scène, où tout d'un coup il a trouvé une comédie, on l'accable, on le tue, on le nie! O férocité sans égale! et qui dirait que toutes ces foudres sourdes ou éclatantes sont lancées contre ce vif, cet ingénieux, cet aimable, ce charmant esprit?

Eheu! ne tibi sit privata injuria tanti!

Laissons-les dire et nous réjouissons de l'œuvre nouvelle! Elle est faite, en tant que pièce de théâtre, avec un art excellent, et l'on reconnaît, dans la disposition et dans l'agencement des scènes principales, l'expérience et les conseils d'un homme habile à tous les secrets de la comédie. Ainsi, l'exposition est jetée heureusement à la dernière scène du premier acte, et tout d'abord, sans explication préalable, on nous montre le héros, le don Quichotte, le fier-à-bras, le vantard, le bienheureux chasseur de La Seiglière! Il est en pleine fête, en plein bonheur, dans un état parfait, indépendant, convenable : une activité! une santé! une fortune! un mollet! « Tâte plutôt, coquin! » dit-il à son valet de chambre. Mon Dieu, oui! M. le marquis est semblable à ce paresseux qui arrive le dernier à la vigne du Seigneur et qui reçoit son salaire le premier. Il est revenu, il a vu, il a vaincu; il a retrouvé sa maison réparée et sa terre augmentée; ses greniers regorgent de blé, de vin ses caves, de gibier ses forêts, de poissons ses étangs, de fruits et de chansons ses jardins! Il a dormi vingt ans dans le palais de la fée; il se réveille, et voilà tous ses sens satisfaits! Le vin est bon, le cheval est rapide, le cerf est en belle voie, on entend dans les vastes forêts les mille bruits de la chasse ardente... Heureux homme! heureux marquis ressuscité! Il ne se doute pas des misères qui ont passé dans ces campagnes, de l'incendie qui a menacé ce château, des colères sourdes qui circulent dans ces âmes rustiques, du levain et des fièvres que l'armée ennemie a laissés dans ces villes soumises à regret! Il est si content! il voit d'un coup d'œil tant de félicités qui sont au gré de son esprit et de son cœur! Ajoutez à ces bonheurs du bien-être et de la vie abondante ce comble de l'orgueil humain, une fille charmante dans laquelle il se voit revivre, l'heureux vieillard! ô jeunesse innocente, ingénue et chaste, dont ce vieillard s'enveloppe comme d'un manteau!

« Elle avait les traits de l'âge qui sépare la jeunesse de l'enfance; sa chevelure était ornée de rayons! »

Cependant, dans ce ciel limpide, un nuage se

montre, une menace en ces promesses se fait entendre. Il a trop vite oublié le temps présent, ce marquis de La Seiglière; il a trop oublié que ce monde a changé et que le vieux monde n'est pas revenu de l'émigration, où son souffle à peine est resté. Voici donc, pour détruire d'un mot cet état d'extase et de quiétisme, un nouveau venu, un nouvel arrivé du monde moderne, un des soldats de l'empereur, un certain Bernard Stampli, qui s'en vient, à l'abri de cette force qu'on appelle le Code Napoléon, pour réclamer l'héritage paternel, à savoir le château même de La Seiglière! Oui, ces domaines, ce parc, ces eaux, ces vieilles écorces, ces lambris, ces vieux vins, ces vieux meubles, ces vassaux, toute cette fortune sur laquelle le vieux marquis avait jeté les semences de l'ancienne insolence et de l'antique orgueil, il faut, la loi le veut, la nouvelle loi, quitter tout cela, parce que le fils du croquant est revenu de la croisade contre Moscou! Ce retour du jeune Stampli est dramatique, il est même un peu trop solennel, et l'on voudrait quelque chose qui rappelât un peu moins l'ange exterminateur. Il n'est pas besoin, croyez-moi, d'une apparition de fantôme pour faire rentrer en lui-même le vieil émigré! Cet homme-là, d'ailleurs, est incorrigible : il ne croit pas aux fantômes, il croit au droit divin, et il fait partie lui-même du droit divin! Il ne croit pas au Code Napoléon, il croit au bon plaisir, au bon plaisir du marquis de La Seiglière!... Ainsi, ne dites pas au marquis que le vieux Stampli (le père de Bernard) lui a fait une *restitution!* M. de La Seiglière est chez lui, la terre qu'il foule est à lui; il en était sorti par la violence, il y rentre par le droit! Voilà comme il parle; il n'en sait pas plus long, il n'en veut pas savoir davantage. Ce Code Napoléon, il ne l'a pas lu; la Charte! il se moque bien de la Charte. Encore la France se peut-elle féliciter que M. de La Seiglière soit un bonhomme, étranger à toute conspiration : *Vir bonus, et a factione summe alienus*, disait M. de Thou, parlant d'un homme de la Fronde. Bon éloge en tout temps et qui serait un merveilleux éloge aujourd'hui.

Telle est la position du marquis de La Seiglière et du capitaine Bernard, et le choc entre ces deux principes aurait bien vite anéanti le vieillard, lorsque heureusement Mlle de La Seiglière, cette création charmante dont son parti n'a pas su gré à M. Jules Sandeau, intervient entre la force de celui-ci et la faiblesse de celui-là pour modérer l'un et l'autre de ces deux hommes et pour concilier toutes ces résistances. Il y a vraiment un grand charme dans cette histoire d'amour, et l'on comprend fort que Bernard Stampli sente apaiser ses colères plébéiennes en présence de cette image souriante des grâces, des beautés et des élégances d'autrefois. Ici, Messieurs, ne vous déplaise, est le triomphe du passé; ici est la victoire de tant de choses vaincues; ici est votre jeunesse, ici votre gloire; ici l'abîme est franchi que la loi de l'indemnité devait combler! Certes, si l'antique origine, si le grand nom, si la race et le sang, si la tradition, l'histoire, la conquête, la féodalité même, étaient déshérités dans ce drame de tout ce qui fait la force et la gloire d'un grand parti, on comprendrait les cris et les rancunes; mais quelle image plus charmante du passé, et qui en donne une plus surprenante idée, que cette image de Mlle de La Seiglière? Elle est l'excuse, elle est le pardon, elle est l'espérance, elle est le conseil de tout ce passé qui mérite à tant de titres nos sympathies et nos respects. C'est bien pourquoi le fils du vieux Stampli, le capitaine Bernard, un brigand de la Loire, s'arrête interdit, étonné, vaincu et tout prêt à se perdre uniquement pour obtenir l'estime de cette belle personne, comme si l'on pouvait se perdre en obéissant à ces vives clartés de l'intelligence et du cœur! comme si l'on pouvait jamais être la dupe d'un pareil moment de générosité, de sacrifice et de vertu!

Dans son roman, M. Jules Sandeau avait écrit

un prologue, et ce prologue était un drame. On nous montrait le vieux Stampli aux prises avec la baronne de Vaubert, et par quel art d'une complaisance adroite, d'une obsession habile, d'une prière infinie, le vieux paysan se dessaisissait, lambeau par lambeau, de cette terre seigneuriale qu'il avait achetée et payée, et qui était certes bien à lui, dans ses opinions, dans sa croyance, dans sa pensée, dans ses instincts! C'était là un beau prologue à tenter sur le théâtre; il eût jeté de grandes et utiles clartés sur l'action qui allait suivre; il eût expliqué bien des colères et bien des sympathies; surtout il eût montré par quel penchant irrésistible de sa justice et de ses intimes convictions Mlle de La Seiglière en est venue à donner son âme au fils du vieux Stampli, à ce soldat dépouillé par son père! On n'a pas osé, à n'en plus douter, nous faire assister à ce drame d'entrée de jeu : j'en suis fâché; on a supposé que tout le monde en était instruit à l'avance, et, voyez la chance heureuse! il se trouve en effet que ce portrait de la baronne de Vaubert est tracé d'une main si fidèle, cette femme est si nette et si vraie en ses impertinences suprêmes, elle prend à un si haut degré l'accent, la voix, l'ironie, le mépris, le dédain de ses pareilles pour les gloires et les grandeurs d'un monde où elles ne voudraient pas mettre le pied, que cette femme, à elle seule, rendrait excusables les innocents enfantillages du vieil émigré. C'est la baronne de Vaubert, en tout ceci, qui est la vraie coupable; elle est vraiment l'obstacle, et c'est à elle qu'il faut s'en prendre de tout ce qui gronde et de tout ce qui se lamente au fond de cette comédie joyeuse. Il fallait être une habile comédienne pour rendre, comme l'a fait Mlle Nathalie, en ses mille nuances d'abaissement et d'orgueil, ce rôle difficile que la savante comédienne a sauvé à force de verve, d'esprit, d'ironie et de cruauté. Son plus beau rôle, sans contredit, jusqu'à présent, c'est ce rôle impossible de la baronne de Vaubert.

Grâce à l'intervention malfaisante de cette habile baronne, Mlle de La Seiglière reste à l'abri de toute idée et de tout soupçon d'une captation lamentable; elle obéit à son insu, l'honnête jeune fille, aux volontés de cette baronne, qui la destine à son fils, et, de son côté, le jeune M. de Vaubert ne s'aperçoit pas qu'il est un des agents de l'ambition maternelle. On en peut dire autant de M. le marquis; il est le pantin que Mme de Vaubert tient dans sa main puissante; il agit par elle et pour elle, et c'est justement parce qu'il ne comprend pas la portée de ces perfidies que le bonhomme est à ce point gai, divertissant, amusant, intéressant, complet, complet comme un homme qui est vraiment dans son caractère. C'est si amusant et si charmant, le ridicule, lorsqu'il est à sa place, ni contraint, ni forcé, ni cherché, quand rien ne l'appelle, quand rien ne le gêne, et qu'il arrive de lui-même, sans art et sans fard, *in modo et figura*, comme il est venu, par exemple, à cet admirable Samson, admirable dans ce rôle fait pour lui, fait par lui ! Il y est de tout point charmant, charmant jusqu'à l'extravagance ; il est comme était le marquis de La Seiglière : il est vif, il est gai, il est naïf, il est insolent, il est railleur, il est goguenard, il est merveilleusement égoïste, rapportant à soi toutes choses, et ne voyant pas qu'il fait rire autour de soi tout le monde, tant il prend au sérieux sa personnalité, son amour-propre, son égoïsme, son intime et imperturbable contentement ! Ah ! les beaux airs ! ah ! les bonnes gaietés ! et comme ce public de bourgeois, ces fils de Voltaire en ligne collatérale, s'amusent innocemment au bénéfice de ce vieux croisé de l'émigration ! C'est une joie, une fête, un charme, et je ne crois pas que rien s'y puisse comparer, même en comptant pour beaucoup la grosse et bonne farce du théâtre de la Montansier !

HENRI MURGER

LE BONHOMME JADIS

EUNES gens, disait un ancien, écoutez avec respect un vieillard que les vieillards écoutaient déjà quand il était jeune! — Écoutez-moi, disait Nestor aux chefs de l'armée; il est juste, quand je parle, que vous soyez attentifs, car j'ai vécu avec des hommes qui valaient mieux que vous. Non, je n'ai jamais vu et je ne verrai jamais des héros semblables à mes amis d'autrefois : Pirithoüs, Exadias, Polyphème, égal aux dieux, et Thésée, et son père Égée, et tant d'autres qui déjà valaient moins que leurs pères ! — *Mox daturos progeniem vitiosiorem*, ajoute un poëte; et toujours ainsi le temps présent s'est vu maltraiter, avec justice, au nom du temps passé ! Mais qu'y faire ? Eh ! c'est très-simple : entourez de vos regrets les vieux siècles, accommodez-vous de votre mieux de l'heure présente... Vos aïeux étaient des demi-dieux, ils enfantèrent de grands seigneurs ; ces vieux seigneurs à l'ancienne marque ont mis au jour le bonhomme Jadis, notre père, et Dieu sait comment seront bâtis les enfants de nos enfants !

Lui aussi il a été jeune, le bonhomme Jadis ; il est venu au monde à l'heure solennelle où le vieux monde n'était plus, où le monde nouveau n'était pas encore ; il est né entre la nuit et le crépuscule, et ce fut à peine si quelque vieux prêtre insermenté se rencontra pour jeter sur son front innocent l'eau d'un baptême incertain. Son père et sa mère, un jour d'hiver, furent enlevés par des bandes armées et montèrent sur l'échafaud, appelant cet enfant qui ne pouvait pas les entendre. Ainsi, il grandit à la grâce de Dieu entre les ruines de sa maison, entre les ronces de son jardin, les vents d'orage emportant les parchemins qui pouvaient constater la noblesse du pauvre orphelin. Il était cependant fils de bonne mère, il descendait d'une vieille souche, il appartenait à une famille correcte et chrétienne, royaliste et guerrière, qui avait vécu longtemps, dans son vieux château, à l'abri de l'envie et loin de tout ce qui fait la vulgaire ambition des hommes. Ainsi, par sa naissance, il était destiné à continuer une chaîne glorieuse et cachée qui tenait au trône de Louis XIV, au trône de Louis XV ; à continuer ces âmes vaillantes qui avaient traversé Bossuet pour s'arrêter à Voltaire. La Révolution le sépara brusquement de ces traditions ; elle brisa d'un coup de sa foudre acharnée à tout briser cet arbre généalogique dont les branches éparses furent emportées comme la paille après que le grain est resté sur l'aire sonore. Il resta seul, spolié de toutes choses, et seul il se fraya son chemin à travers l'espèce humaine. Il fut soldat, il suivit ses contemporains dans la mêlée ardente ; et quand, après les longues guerres et les longues batailles, il se vit de nouveau seul et séparé de sa famille adoptive, il s'accommoda d'une vie obscure, ignorée et silencieuse. Après tant de bruit, tant d'éclat et de fumée, il se dit qu'après tout, un peu de repos et de sommeil n'était pas défendu à sa vieillesse commençante. Il vieillit ainsi lentement, doucement, comme un sage, heureux de peu, content de tout, ne songeant guère à ces gloires qui avaient brillé et s'étaient éteintes à ses yeux éblouis du feu follet des réjouissances publiques ; il vécut seul, songeant de temps à autre avec un serrement de cœur que peut-être il mourrait seul. Mais quoi ! enfant et jeune homme, il n'avait pas eu de famille, il s'était habitué à l'isolement de bonne heure; homme fait, il avait vécu des hasards de la vie militaire; et, maintenant qu'il est vieux, il veut au moins, avant sa mort, se rassasier de tant de belles et bonnes choses qu'il a rêvées, à savoir : les faciles printemps, les douces pensées, les rêveries charmantes, et, à défaut d'autres passions (il est vieux!), le spectacle enchanteur des heureuses amours! Ainsi, point de regrets et point d'ambition; ainsi, la vie honnête, honorée et cachée, au sommet de quelque maison un peu gaie où monte le soleil, à travers le cantique enivrant des jasmins et des roses, quand le ciel est pur, quand l'eau est claire et que l'oiseau chantant fait entendre sa moquerie ou son ramage amoureux! Oui, c'est cela! retenons de toutes nos forces les dernières journées! retenons les heures qui s'envolent! rappelons, rappelons de nos plus douces voix la jeunesse envolée! — Où vas-tu ; pourquoi sitôt nous quitter, nous les cœurs honnêtes et les têtes enjouées? O jeunesse! où trouveras-tu des temples plus dignes de toi, des autels où brûle un encens plus dévoué? ô jeunesse! eh ne vois-tu pas que ces jeunes gens à qui tu prodigues tes couronnes et tes guirlandes, à peine s'ils en savent le prix, à peine s'ils obéissent à tes volontés charmantes? Ils sont ambitieux, ils te dédaignent comme un obstacle; ils t'accusent, ils te calomnient, ils renoncent à tes pompes, à tes majestés, à tes gloires; ils invoquent la fortune, ils invoquent la puissance; ils ne te pardonnent pas, ô chère déesse amoureuse! tes fiers dédains pour les biens vulgaires, et ta couronne de myrte, et ton sceptre de houblon; ils se prosternent, les ingrats, devant les couronnes d'or et les sceptres de fer! Ah! cher printemps, que voulez-vous faire de ces ingrats qui vous méprisent? Il les faut abandonner, croyez-moi, à la fortune, et vous-même, enfant des Muses savantes et des grâces folâtres, revenez sur vos pas et tendez une main bienveillante aux jeunes cœurs restés jeunes dans leurs vieux corps! Voilà vos fidèles! voilà vos dévoués! voilà qui vous aime! Ils ont renoncé à tout autre bonheur pour vous suivre! ils ont dédaigné tout ce qui est la grandeur, la puissance, la richesse, la majesté, pour rester fidèles au culte de leur déesse! Allons, bonté, tenez-leur compte de leur dévouement à ces fidèles amis de vos beautés immortelles! Laisse en repos les jeunes gens, jeunesse, et prends en pitié les vieillards!

Voilà l'hymne! On la chante aussitôt que l'on n'a plus vingt ans. A peine en sent-on les premiers vers, mais bientôt le premier couplet est suivi du second, hélas! et ils viennent comme à la suite une ode d'Horace, une chanson de Béranger :

Vous vieillirez, ô ma belle maîtresse! Une menace! une espérance! une tristesse! une consolation! Il n'y a que ceux qui ont été jeunes qui vieillissent. Naître à soixante ans, était-ce la peine de naître? et n'avez-vous pas une pitié profonde pour qui vous dit fièrement : « Je n'ai jamais été jeune »? Eh quoi! malheureux, tu n'as jamais été jeune! Alors, tu as menti à ta jeunesse; alors, tu l'as trahie, et tu n'étais pas digne, non certes, de toucher à cette robe d'azur! Au contraire, il faut avoir été jeune pour se consoler d'être un vieillard. C'est une belle chose, certes, le *de Senectute,* un traité de vraie et sincère philosophie; il y manque cependant une fleur, ou tout au moins un regain de jeunesse, un peu de jeunesse, un peu de soleil et quelques-uns des parfums de la vingtième année. Voilà ce que je cherche en vain dans ce magnifique traité de la vieillesse. Ils sont là quatre ou cinq sages, les plus grands noms et les âmes les plus vaillantes de la république romaine à son déclin, Caton, Scipion, Lélius, qui, tout chargés de gloire, se mettent à invoquer tous les dieux propices, moins la jeunesse.

Ils appellent à leur aide tous les vieillards dont la vieillesse était naguère une des gloires du monde athénien, une sauvegarde du monde romain : Platon, Socrate, Titus Flaminius et l'antique

Ennius; ils invoquent Paul-Émile à soixante-dix ans, Appius Claudius aveugle et centenaire, et tout le sénat de Lacédémone, un congrès de rois et de vieillards; ils se racontent ces agonies excellentes, ces morts glorieuses, ces tombeaux tout pleins d'enseignements; ils citent les poëtes qui ont tiré de leur tête blanchie une suite de chefs-d'œuvre, Sophocle, par exemple, récitant à ses juges cette merveille, *Œdipe à Colone!* Et puis, quand ils ont réuni en bloc toutes les gloires de la vieillesse, ils se mettent à en raconter toutes les disgrâces, à en détailler les misères, à se démontrer à eux-mêmes que c'est un âge odieux à tous les autres âges de la vie; ils nous citent Milon de Crotone contemplant ses deux bras impuissants. « Hélas! disait-il, ils sont morts! » Après quoi, semblables à des enfants qui se sont amusés à faire peur, ils reviennent aux exemples consolateurs, tournant ainsi à leur insu dans un cercle vicieux, dans l'exception, car toutes ces forces qu'ils invoquent sont autant d'exceptions : ainsi, dans Xénophon, la mort de Cyrus; ainsi Nestor dans Homère, tel Massinissa à cheval! D'où ils concluent qu'il faut résister à la vieillesse, qu'il la faut traiter en ennemie et se défendre à la façon des athlètes; et cette conclusion tombe justement au beau milieu du cercle vicieux;

car, si je n'ai pas la force de résister et de combattre, aussitôt me voilà nécessairement absurde, impotent, insupportable à mes amis, odieux à moi-même. Et tous ces raisonnements aigus, on peut le dire, ils retombent sur ces sages illustres, parce que de leur dissertation sur la vieillesse ils chassent tout à fait la jeunesse. Ils suppriment la jeunesse ! ils en éloignent le souvenir comme un souvenir importun ; ils ne veulent pas convenir que tous ces grands hommes dont ils parlent à ces abris du paisible Tusculum ont été d'honnêtes et admirables vieillards justement parce qu'ils ont été d'honnêtes et vaillants jeunes gens :

>   Nous avons été jadis
>   Jeunes, vaillants et hardis.

C'est la chanson des Spartiates, et, quand ces illustres vieillards chantent en effet cette chanson, ils reconnaissent hautement qu'ils ont été jeunes autant que peut l'être et que doit l'être un galant homme. Dans ce traité de la vieillesse, au lieu de reconnaître avec joie, avec orgueil, l'influence des jeunes années, on les accuse, on les traite comme Platon traitait le vice lorsqu'il l'appelait le chyle de tous les maux. Le *de Senectute* va plus loin : des plaisirs que se permet la vieillesse il efface tout ce qui pouvait y rester d'exquis, de jeune et de charmant. Ainsi, les banquets prennent un aspect morose, la causerie est solennelle; on traite l'amour de Turc à Maure. O dieux! loin d'ici ce maître féroce! Allons, vieillards, soyez sages; écrivez des traités de philosophie, écrivez des poésies didactiques, cultivez la terre et plantez des vignes : bientôt viendra la mort, qui vous délivrera de ces vieilles années que vous aurez accomplies avec le soin d'un comédien zélé qui veut mériter les honneurs du rappel. *Usque ad : Plaudite! vivendum!* Vous l'entendez : l'applaudissement, la louange, la foule qui vous regarde, un acte public, un drame à jouer, voilà toute la vieillesse de ces prétendus sages. De la vieillesse ils ont ôté même le sommeil, le doux et charmant sommeil, ce repos de chaque jour! Autant vaut dire alors ce que disait le farouche M. Arnauld au bon Nicole, qui parlait de se reposer quelques jours avant la mort : « Nous reposer! y pensez-vous, Monsieur?... Nous avons l'éternité pour nous reposer! »

Beaucoup plus bienveillant et facile à suivre est le *Traité de la Vieillesse*, revu, corrigé, augmenté par *le Bonhomme Jadis!* Il n'a jamais lu le *Cato major* (Caton l'Ancien), il ignore Cicéron, il n'a jamais entendu parler de Lélius, non pas même de Gorgias, qui disait : « Laissez-moi vivre, je n'ai pas à me plaindre de la vieillesse. » Il n'a pas séparé, cet homme sage, le bonhomme Jadis, ces deux fragments du même continent, la jeunesse et la vieillesse; au contraire, il réunit l'une à l'autre ces deux parts de la vie humaine, comme on dit que la reconnaissance est unie au bienfait. Ainsi faisait dans sa vie et dans ses vers ce vieillard charmant dont les poëmes sont pour ainsi dire les cheveux blancs de la verte Athènes, Anacréon. « Anacréon, disent les belles affranchies, te voilà vieux... Prends un miroir, tu n'as plus de cheveux; regarde-toi, ton front est nu. — Non, non! pas de miroir! Ai-je ou non des cheveux? Je n'en sais rien, je ne veux rien savoir! Allons, du vin et des roses pour mon front dépouillé! La vie.... une roue, elle tourne, et le char est déjà loin! Je sais le nombre de mes jours: combien en ai-je à vivre encore? Avant d'arriver au terme, je veux jouer, rire et danser. A boire, l'ennui s'en va; à chanter, l'ennui s'endort. »

On irait ainsi bien longtemps dans le vers de ce *Bonhomme Jadis*. Eh! dites-vous, voilà de grandes autorités, Anacréon et Caton l'Ancien, à propos d'un petit vaudeville en prose! — Pourquoi non, je vous prie? Un vaudeville sans couplets, c'est autant de gagné; et puis tant et tant d'insipides comédies ont vu le jour à cette rampe intelligente qu'il est bien permis de se réjouir à cette rencontre inattendue, un petit acte ingénu et cherché, tout ensemble, une malice, un rêve! Or, ce rêve enfantin, intitulé *le Bonhomme Jadis*, vivra plus longtemps que n'ont vécu tous les mousquetaires de feu le Théâtre-Historique! Ce petit acte survivra quand Athos, Porthos et Aramis auront vécu depuis dix ans! Ça n'est rien un acte quand ça ne vit pas; c'est quelque chose quand ça reste au théâtre. Un acte debout vaut mieux que cinq cents actes morts et enterrés. *Le Bonhomme Jadis* appartient encore à *la Bohème* nouvellement découverte, il y a tantôt quatre ans ou cinq ans, par M. Henri Murger. Le bonhomme Jadis est un bohème, comme on dit une lorette, devenu vieux. Vieux, il est bon; oisif, il s'amuse à regarder ce qui se passe à ses pieds sur la terre, au-dessus de sa tête, à travers les étoiles. Il voit d'abord le soleil qui flamboie et la terre qui poudroie; avec un peu d'attention, il voit son voisin M. Octave qui poudroie, et sa jeune voisine Mlle Jacqueline qui flamboie.

Alors, touché de ce spectacle divin des jeunes cœurs ignorants et fidèles, le bonhomme Jadis imagine de rapprocher celui-là de celui-ci; il invite à dîner Jacqueline, il invite Octave. Assis entre ces deux printemps jaseurs, le bonhomme se sent reverdir; il chante, il danse, il s'enivre de cette joie, et l'on entend, comme une jolie chanson de jeunesse et d'amour.

Ma foi, voilà toute la pièce; il n'y a rien de plus que ceci : un vieillard qui marie, en riant, des jeunes gens amoureux l'un de l'autre. C'est bien peu, j'en conviens; mais ce peu-là, c'est vrai, c'est vif, c'est amoureux, c'est tout rempli de ces mots trouvés que l'auteur de *la Bohème* a rencontrés dans ce monde à part de misère et de jeunesse, de poésie et de souffrance : l'imagination sous le haillon, la beauté sous la bure, l'esprit sur la paille, la gaieté sous les toits, le froid, la faim, l'abandon, le néant, et tout ce néant se compense, et au delà, par un rayon de soleil. M. Murger est le seul qui compte *en Bohème*. Il a fait une espèce d'école à lui seul, il a fait comprendre au bourgeois les antipodes de ce monde à part; et comme, au résumé, il était un vrai esprit, il a été l'excuse et l'oubli de toutes les bohèmes d'alentour.

Mme DE GIRARDIN

LA JOIE FAIT PEUR

La *joie fait peur! Comédie!* comédie un peu lugubre et charmante! Au lever du rideau, vous voyez dans une maison tendue en noir trois femmes en longs habits de deuil! *Comédie!* Une de ces femmes est la mère du jeune Adrien, dévoré par les sauvages; les deux autres femmes, deux jeunesses, Blanche et Mathilde, vous représentent la sœur du jeune homme et sa fiancée. Ah! quelle douleur profonde! on ne voit que des larmes, on n'entend que des sanglots! La mère, atteinte et touchée au cœur, sera morte dans huit jours; la fiancée appelle à haute voix le mari qu'elle a perdu; elle s'irrite, elle s'emporte contre la mort, elle est furieuse! A côté d'elle, et plus calme dans sa douleur, Blanche, une enfant de seize ans, contient ses larmes pour ne pas affliger sa mère. On dirait une tombe, cette maison d'où la vie est sortie! En un coin où il pleure tout bas, le bon Noël, songeant à cet enfant de son cœur, veille sur les douleurs qui l'entourent et dont il est le gardien. *Comédie!* Une comédie en grand deuil, dans l'étonnement, dans le spasme et dans le silence de la douleur!

Je vous jure que voilà, pour le coup, une nouveauté hardie, une vraie invention, un merveilleux détail de toutes les fibres auxquelles le cœur humain est attaché. On se regarde, on s'étonne, on écoute.... A peine si l'on entend des voix et des paroles sortir de ces angoisses. Comédie! et que l'auteur a été bien inspiré!

Quand elles ont bien travaillé à entretenir leur plainte et leur douleur, ces trois femmes quittent enfin ce salon funèbre; elles vont, la mère à l'église, où elle prie; la fillette au jardin, où elle salue en pleurant un beau rosier tout couvert de roses blanches, ce même rosier qu'ils ont planté elle et son frère; de son côté s'en va la fiancée, en rêvant au mari qu'elle a perdu! « Laissez-la rêver, dit le bon Noël; de ces trois malheureuses, voilà celle que je plains le moins : elle a le malheur consolant d'être un grand artiste, elle a du génie, et le génie on ne sait pas où ça commence, où ça finit. » Cette petite dissertation contre les femmes de génie, écrite avec un rare bon sens par une femme de beaucoup d'esprit, a été la bienvenue, et le public, stupéfait, a commencé par se dérider en voyant le génie abandonné aux sarcasmes du bon Noël.

A peine ces trois élégies ont-elles quitté le salon que le spectateur respire enfin! La fenêtre est ouverte, et l'air et le soleil pénètrent librement dans ces demeures réjouies, non-seulement l'air printanier et le tiède soleil, mais encore l'espérance! Oui, l'espérance! Au milieu de ces femmes qui pleurent, le vieux Noël est resté fidèle au maître vivant. « Mourir si jeune et si aimé! dit Noël; ça lui ressemble si peu! » Alors le voilà qui se raconte à lui-même tant et tant d'accidents auxquels l'enfant a échappé par miracle. Un jour il a sauté par la fenêtre... Il est resté attaché par sa blouse aux fers du balcon! Un autre jour, l'enfant tombe à l'eau... et le pêcheur le ramène dans son filet, entre deux carpes! Et les chutes du haut de l'arbre! et les écarts du cheval! « Ah! dit Noël, les yeux pleins de larmes, mon jeune maître n'est pas mort; il reviendra, il revient, je le vois, je l'entends: « Allons, Noël, je meurs de faim... »

Et véritablement le jeune homme apparaît en disant: « Allons, Noël... » Miracle et résurrection! c'est bien lui, le jeune Adrien! c'est bien lui, le voilà! Voilà la vie et la jeunesse qui remplissent désormais ces solitudes. A ce coup de foudre de bonheur, le vieux Noël, qui se croyait si malin et si fort, le stoïcien Noël succombe, et le jeune homme le reçoit dans ses bras.

Comédie! Alors commence, en cette comédie, une comédie, en effet, qui consiste à annoncer à chacune des *survivantes* du jeune Adrien que son fiancé n'est pas mort, que son frère est vivant, que son fils lui est rendu! « La jeunesse est forte, se dit Noël; on est si facilement heureux quand on a seize ans! et je n'aurai pas grand'peine à montrer notre revenant à Mlle Blanche. » Elle arrive, en effet, la jeune Blanche, déjà reposée et pressentant quelque étrange bonheur! Un peu de soleil, un peu de printemps et les belles fleurs de son rosier ont disposé l'enfant à entendre mille choses heureuses. La voici! Et, quand elle voit son frère, elle tombe à genoux en s'écriant : « Viens donc, je n'ai pas peur! » On rit et l'on pleure! Et voilà toute cette comédie! Une larme, un sourire, le « sourire mouillé » dont parle Homère! Je sais bien que le lecteur, m'entendant raconter cette comédie, aura peine à me croire... Eh bien! je pleure et je ris en la racontant.

Si la sœur d'Adrien, avertie, est bien heureuse, il ne sera pas difficile de présenter le *revenant* à sa fiancée : on est si forte à vingt ans contre le bonheur! Laissons donc les deux jeunes gens se présenter l'un à l'autre, et c'est une grande habileté de nous avoir fait grâce de cette reconnaissance entre le jeune homme et sa maîtresse. A cette heure, il s'agit d'avertir la mère et de la sauver de sa joie! Une pareille joie au cœur d'une mère peut le briser : or il faut que cette pauvre femme vive et soit heureuse. Alors que de précautions! que d'hésitations! que de recherches! que de petits et heureux mensonges! D'abord la chère créature, abîmée en son affliction, ne sait pas ce qu'on lui demande; elle ne comprend pas un mot de ce qu'on lui dit; elle voit bien que le front de Noël s'est éclairci, que les yeux de Blanche et son doux visage brillent d'un feu tout nouveau : que s'est-il donc passé dans cette maison où c'est à peine si l'on trouve encore quelque trace et quelque souvenir du deuil universel? Vraiment on dirait que tout chante et que tout rit dans la maison mortuaire! On ne respire plus le même air que ce matin! Les pas de ceux qui l'habitaient ne font plus le même bruit! Même la chambre du jeune homme... un tombeau! on dirait que cette chambre est habitée : en regardant par la serrure, on retrouverait l'ancien désordre et mille indices, sans compter que Mlle Mathilde a relevé ses cheveux comme elle avait coutume de les porter quand elle était heureuse ! Ah ! quels indices ! quelle fête inouïe ineffable ! et comment y croire ? Ainsi, tout sourit autour de ce cœur brisé ! Pauvre femme... heureuse mère ! A la fin, n'y tenant plus, elle appelle à haute voix : « Mon fils ! mon fils ! où es-tu, mon fils ? » Et son fils est dans ses bras.

La joie ! elle fait mal, dit la comédie, elle tue... elle sauve aussi ! Mais il était temps que cette mère fût sauvée... Un instant de plus, et la salle entière éclatait en sanglots.

J'en ai bien vu, des comédies ; j'en ai peu vu qui se pussent comparer à cet acte unique où cette aimable femme a jeté une fois pour toutes tout son esprit et tout son cœur ! Que de grâce et que d'inventions bienséantes ! les heureux accents ! les paroles bien trouvées ! les délicates inventions ! Que tout cela est vif, naturel et charmant ! Voilà donc enfin que Mme de Girardin l'a trouvée entièrement, sa comédie, et voilà qu'elle l'a rencontré, son drame ! Tant on est sûr de les rencontrer à la fin, ces œuvres excellentes, quand on les cherche avec cette obstination, cette volonté, ce bon sens et ce rare esprit !

Mais aussi quel succès ! quelle fête ! et quel contentement et que de larmes ! Écrivons désormais au frontispice du Théâtre-Français cette inscription méritée : « Ici les malheureux trouvent des gens qui les pleurent et qui les consolent ! » Ce drame-comédie est joué (comme au reste sont jouées toutes les bonnes pièces) avec un ensemble incroyable. Elles sont à l'œuvre de leur commune douleur, ces trois femmes, et rien ne saurait les en distraire. Ah ! les larmes de Mme Allan, si gaie et avenante d'habitude, une femme qui est faite pour le sourire, elle a été déchirante ! Il n'y a rien de plus énergique et de plus beau que Mlle Fix, la femme de génie, en proie à la douleur et à la colère ; et combien sont douces et précieuses les larmes de la petite fille, ces larmes printanières de la vigne coupée, et qui ne demandent qu'à s'arrêter !

Quant à Noël, le vieux serviteur, le rôle de Régnier, Régnier a montré dans ce rôle de Noël qu'il était le comédien le plus sympathique et le plus vrai du Théâtre-Français. Oui, lui-même, Régnier, le valet de Molière et le valet de Regnard, le spirituel et malin porteur de la grande livrée ; oui, Régnier, le Dubois et le Frontin de la vieille comédie, à cette heure il est tout un drame ; il a la voix, il a le geste, il a l'accent, il a la douleur, il a la pitié, il a tout ce qui fait le comédien qui pleure et qui fait pleurer !

Certes Mme Émile de Girardin, qui est un vrai homme de lettres (et je ne sais pas aujourd'hui de plus grande louange), a remporté déjà bien des couronnes : jeune fille, elle avait déjà mérité le laurier de Corinne ; un peu plus tard, à l'âge de la prose, elle écrivit en prose avec la grâce, la malice et le piquant des plumes les mieux taillées ; le roman eut pour elle autant de succès que la satire ; enfin, dans la tragédie, dans le drame et dans la comédie, elle se poussa, tantôt vaincue et tantôt applaudie... Aujourd'hui elle vient d'atteindre enfin le vrai succès, non pas le succès qui remonte du comédien au poëte, mais le succès qui descend doucement du poëte au comédien.

E. AUGIER ET J. SANDEAU

LE GENDRE DE M. POIRIER

Véritablement, voici une des plus piquantes comédies qui aient été jouées depuis longtemps; l'esprit abonde, un esprit facile, agréable, coulant de source avec tant de grâce et d'abandon! Ils avaient une revanche à prendre, Émile Augier et Jules Sandeau, de leur récente déconvenue au Théâtre-Français, et cette revanche ils l'ont prise éloquente, entière et complète, et tant payé, tant promis, tant tenu; celui-ci répondant à celui-là, celui-là mettant sa pointe au milieu des sentiments de celui-ci; Émile Augier un Gaulois, Jules Sandeau un rêveur : le premier qui ne doute de rien, le second qui a peur de tout. O les grandes enjambées du jeune homme! ô la prudence de l'homme mûr! Qui peut donc arrêter le poëte de *l'Aventurière?*

à quelles lois peut-il obéir, et quel obstacle opposer à ce torrent?

Au contraire le père et le poëte de M*lle* *de La Seiglière* : il va d'un pas calme et sûr à travers les paysages de sa fantaisie, accompagné des fantômes de son adoration! Pour quiconque a vu jouer la comédie du poëte comique, et pour quiconque en même temps aura lu les charmants écrits du romancier, il sera très-facile de rendre à César ce qui est à César dans cette comédie de *M. Poirier ;* il sera très-facile de reconnaître la touche élégante et l'emporte-pièce, le mot brutal et le sentiment!

Le triste héros de la nouvelle comédie est un certain M. Poirier qui a bel et bien gagné *trois millions*, ni plus ni moins, à vendre, à acheter, à revendre, à racheter de la lingerie en gros, si bien qu'enfin voilà un homme hors de page! Autrefois, du temps de Molière, M. Poirier donnait du drap à ses amis pour de l'argent, et s'appelait M. Jourdain ; aujourd'hui, comme autrefois, M. Jourdain-Poirier, devenu riche, « veut avoir un gendre gentilhomme »!

« M. Jourdain : J'ai du bien assez pour ma fille; je n'ai besoin que d'honneur, et je la veux faire marquise! »

Ainsi parle, ainsi fait M. Poirier. Il marie en effet sa fille au jeune marquis Gaston de Presle;

mais M. Poirier est si riche qu'il n'a pas peur que ses petits-enfants, les petits comtes, les petits vicomtes, les vidames, les barons et les chevaliers rougissent jamais de l'appeler grand-papa! C'était bon pour Mme Jourdain, ces visions-là! « Je veux, disait-elle, un homme qui m'ait obligation de ma fille et à qui je puisse dire : *Mettez-vous là, mon gendre, et dînez avec moi.* » M. Poirier est bien sûr que son gendre dînera avec lui... Le gendre habite la maison du beau-père : il n'a que ce feu-là et ce lieu-là, ce jeune M. de Presle. Ainsi, tout est prévu par M. Poirier. Son gendre est à lui, il l'a payé à beaux deniers bien comptés, à savoir : 500,000 francs pour ses dettes, 500,000 francs pour ses menus plaisirs. Par-dessus le marché, M. Poirier a donné sa propre fille, un vrai trésor d'honneur, de courage et de loyauté, à cet indigne petit marquis! Mais, au fait, est-ce que cela compte, une honnête personne de plus ou de moins, au milieu de tant d'argent, de tant d'espérances! Mlle Antoinette Poirier, le père qui la donne la compte à peine, et le mari qui la reçoit ne la compte pour rien! Père insensé! abominable mari! idiots tous les deux! C'était là ton trésor, Poirier que tu es! c'était là ta vraie fortune, marquis que tu es! Même c'était la comédie, et c'était le succès de nos deux faiseurs, Émile Augier et Jules Sandeau, cette aimable Mlle Poirier, qui a sauvé la pièce. Oui, c'est elle qui a arraché ce succès en dépit des brigandages du gendre et des coquineries du beau-père. Enfin le titre de cette comédie, un peu faite à la hâte, était celui-ci : *la Fille à M. Poirier !*

Les voilà mariés, Antoinette Poirier et le jeune marquis Gaston de Presle ! Au premier abord, ce ne sont que *nopces* et festins. « On dirait qu'il est céans carême-prenant tous les jours ! » disait Mme Jourdain de son vivant. Bals, festins, tableaux, antiquités, courses de chevaux, voitures à la Daumont, Théâtre-Italien, grand'chère, et grand feu, et grand jeu, rien n'y manque; ils n'ont qu'à se bien tenir, les écus du père Poirier ! Donc, tout sourit au jeune marquis, et il bénit chaque matin, à son petit lever, la *douce rente* que lui font les visions de M. Poirier, son beau-père. Ici, n'en déplaise à M. le marquis de Presle, il me semble qu'il joue un assez vilain rôle de se faire ainsi loger, nourrir, porter, vêtir par M. Poirier, sous pretexte qu'il est son gendre. On n'est pas marquis à ce point-là, et M. Gaston de Presle, nourri et logé *aux frais de la princesse,* comme disait un des héros de Charlet, fait-il autre chose que ce que fait la jeune Dorimène, fille du seigneur Alcantor, avec le seigneur Sganarelle ?

Convenez cependant que cette jeune et belle

Dorimène, insolente de ses grâces et de sa jeunesse, et mariée au *dégoûtant* Sganarelle, est un peu dans son droit lorsqu'elle donne à ce sot mari le *programme* de son mariage un jour avant la noce. On rit des gaietés de Dorimène, on ne plaint pas Sganarelle; il sait maintenant ce qui le menace, et c'est à prendre ou à laisser. Mais un homme, un jeune homme, et la fleur des pois du marquisat de Paris, jouant auprès d'une jeune fille aimable et belle le jeu même de Dorimène près du vieux Sganarelle, il me semble que la chose était hardie *à faire voir aux yeux*, et que c'est cruellement commencer une comédie que de déshonorer son héros à ce point-là!

Car non-seulement M. le marquis Gaston de Presle déjeune et dîne de son marquisat, non-seulement il joue et perd l'argent de sa femme, il pousse la lâcheté jusqu'à tromper cette jeune femme, qui l'a arraché aux horreurs de la prison pour dettes, et à qui il doit tout, même l'habit qu'il a sur le corps! Après vingt jours de mariage, aux dernières lueurs de la lune de miel, M. le marquis vous a des accointances suspectes avec une marquise *extra muros;* et (l'imprudent et l'ingrat qu'il est!) il ne sait pas encore à quelle honnête et charmante femme il a vendu son nom. Ainsi, dès la première scène, M. le marquis de

Presle se trouve dans une position honteuse et d'autant plus triste qu'elle est en grand contraste avec la bravoure et la bonne conduite de M. le duc Hector de Montmélian. Ruiné tout comme Gaston, M. le duc de Montmélian n'a pas voulu racheter par la dot de sa femme légitime les dépenses que lui ont causées ses maîtresses; il aurait eu honte de faire payer à celle-là les attifiaux et les fanfioles de celles-ci, et à prostituer cet honnête argent dont un galant homme doit compte à ses enfants à venir. C'est pourquoi M. le duc de Montmélian, laissant à qui les veut les riches héritières, s'est fait soldat, un simple et honnête soldat sans jactance, et déjà le voilà maréchal des logis, en attendant les chances heureuses de la guerre. Il y a bien du goût et de l'agencement dans cette noble figure-là; seulement, j'aurais voulu que M. le duc de Montmélian ne fût pas ruiné par les mêmes causes et par les mêmes folies que M. le marquis de Presle. A quoi bon nous montrer deux dissipateurs? Un seul nous suffisait, et, de même que M. de Montmélian se conduit en galant homme après sa ruine, il n'eût pas été fâcheux de le ruiner d'une façon plus décente. Il y a tant de façons honorables et sages de perdre une grande fortune! M. de Montmélian, par sa bonne conduite, était digne d'une honnête ruine de cette façon-là.

A son petit lever, M. le marquis Gaston de Presle raconte à son ami le duc de Montmélian les bonheurs de sa nouvelle fortune; à son grand lever, le riche M. Poirier raconte à son ami Verdelet ses futurs projets sur monsieur son gendre. « Il a du discernement dans sa bourse ! » dit le maître à danser de M. Jourdain ; M. Poirier ne manque pas de ce genre de *discernement.* « Lorsque je hante la noblesse, je fais paraître mon jugement! » disait M. Jourdain; M. Poirier n'attendra pas longtemps avant de montrer *son jugement* à M. Verdelet. Aujourd'hui même, tout à l'heure, après le déjeuner, en présence de sa femme Antoinette et de son ami le duc de Montmélian, le marquis de Presle sera vivement attaqué; on lui dira, comme dit le marquis Dorante à M. Jourdain : « Je veux sortir des affaires avec vous, et je viens ici pour faire nos comptes ensemble. » Et vraiment, oui, M. Poirier *fait son compte à son gendre* : un demi-million par-ci, un demi-million par-là, un bon logis à pied et à cheval, un cuisinier, et tant de valets de pied, et tant de marmitons ! Bref, on ne lui fait pas *grâce d'une laitue;* en foi de quoi le bon M. Poirier ne demande à son gendre qu'une toute petite complaisance, oh! moins que rien, un petit déshonneur, un petit serment, une petite bassesse, une mauvaise action de rien du tout.

« Qu'est-ce que ça vous fait, mon gendre? » A[u]
quoi le gendre, en secouant l'épaule, répond qu'[il]
veut rester tel qu'il est et tel que l'a chois[i]
M. Poirier. « Je ne pensais pas à vous, Monsieu[r]
Poirier; vous êtes venu à moi, vous m'avez offer[t]
votre fille et votre fortune... J'ai accepté vos offre[s,]
et maintenant voici que vous voudriez faire d[e]
moi un piédestal, que dis-je? un marchepied [à]
votre ambition! Fi! vous dis-je. » Il parle ain[si]
très-bien et d'une façon très-nette; seulement, [il]
est malheureux que le jeune marquis n'ait pas [lu]
quelque peu Sénèque en son *Traité des Bien*-
faits: « Celui-là tue et déshonore un bienfa[it]
qui le vend comme il vendrait une marchandise. [»]

Repoussé avec perte par son gendre, et com[-]
prenant sa maladresse, on présume que pap[a]
Poirier va se tenir pour battu et qu'il renonce [à]
toucher cette corde-là... Vous ne connaissez p[as]
M. Poirier: il est brutal, il est tenace, il est sem[-]
blable au seigneur de Sottenville, qui se vanta[it]
« d'avoir montré dans sa vie, par vingt actions [de]
rigueur, qu'il n'était pas homme à démordre jama[is]
d'un pouce de ses prétentions ». Aussi, tout [à]
l'heure, il va revenir à la charge, M. Poirier. [Ce]
qu'il n'emporte pas d'assaut, il le brise : il a [la]
volonté d'un rustre, il a la violence d'un manan[t,]
il n'entend rien aux petites délicatesses de la co[ur]

science; il est à l'épreuve de toute émotion compromettante... Et voilà ce que c'est que d'être un peu plus attaché à ses propres intérêts qu'aux intérêts mêmes de son unique enfant. Figure brutale, atroce, abominable, et tracée avec une grande énergie.

Ici l'intérêt commence. On comprend confusément que cette fois Sganarelle va battre Dorimène, que M. Jourdain se fera payer par Dorante, et que Mlle de Sottenville payera ses fredaines d'une belle et bonne séparation de corps. Quelque chose est dans l'air qui nous tourmente et nous peine pour M. le marquis Gaston de Presle. Il a joué avec son terrible et satanique beau-père à la façon de l'enfant qui joue avec le feu : d'abord il a dépensé l'argent de M. Poirier, ensuite il a porté le désordre en haut et en bas de la maison de M. Poirier.

Que dis-je? il s'est moqué du goût de M. Poirier, ce mauvais gendre; il a acheté cent louis un petit coucher de soleil, quand M. Poirier se contente d'une humble gravure où l'on voit un chien qui aboie au bord de la mer, effet de chapeau dans le lointain ! « Voilà un joli sujet de tableau, mon gendre. — Et moi, beau-père, j'ai vu l'autre jour, sur une table, un oignon, un pauvre petit oignon coupé en quatre par un pauvre petit couteau... Ça n'est rien, ce sujet-là, au premier abord... Pourtant on ne pouvait pas contempler ce spectacle sans avoir les larmes aux yeux ! Enfin, beau-père, ne faut-il pas protéger les artistes ? — Il faut protéger les beaux-arts et décourager les artistes, répond le féroce Poirier. Cent louis, ce clair de lune ? On l'aurait eu pour vingt-cinq francs ! » Et de picoterie en picoterie, ils se piquent, ils se mordent, ils se heurtent, que ça ne me dit rien de bon !

Encore si ce funeste marquis, si ce gentilhomme et ce malhonnête homme avait su mériter la tendresse et les regrets de sa jeune femme, s'il avait compris que cette honnête créature avait un grand sens, une belle âme, un noble cœur, et que l'amour de cette femme était désormais la seule excuse de son mari à mener cette vie de parasite au milieu d'une maison étrangère, on aurait compris la lutte ardente du gendre contre monsieur son beau-père. Le gendre aimé de sa femme était un antagoniste redoutable ; il devenait le maître assidu de cette maison, il se faisait pardonner ce mot terrible, odieux, impossible : « Aidez-moi, *je vous en prie !* » Mais non, M. le marquis de Presle fait la cour à Mme de Bonœil ! Il écrit à cette belle, il en reçoit des lettres et des *rendez-vous ;* il fait pis que cela, il va se battre en duel pour les beaux yeux de Mme de Bonœil ! Ah ! le triple sot, l'imbécile et l'imprudent, qui ne voit pas qu'il est entre les griffes de ce *formica-leo* de Poirier qui l'attire et le pompe en ce moment au fond de son entonnoir !

La scène entre le gendre et le beau-père, au moment où ils jouent l'un et l'autre *cartes sur table,* comme on dit, est une scène terrible et tout à fait digne de la plus haute comédie. On les voit donc, le jeune homme et le vieillard, qui finissent par se parler... catégoriquement. Voyez-les sourire, entendez-les qui se parlent à cœur ouvert : quelle haine affable et caressante ! Comme ce jeune homme joue en ce moment avec cette vieille souris ! « Oui, dit Poirier à son gendre, je suis ambitieux, et voilà pourquoi je vous ai donné ma fille. Écoutez-moi : vous êtes marquis, je veux être... baron ! Vous pouvez aller à tout avec votre nom ; moi, je veux aller à tout avec ma fortune. Marchez... je vous suis ! Élevez-vous... je monte ! Soyez gentilhomme de la chambre, et me voilà pair de France ! » Il parle ainsi pendant que son gendre, attentif, « le gratte par où il se démange »; et l'autre (le niais !) ne voit pas encore où son gendre en veut venir ! Il en veut venir à ceci, le gendre, qu'il ne veut pas jouer à la paume des bienfaits avec M. Poirier, qu'il le sait par cœur et qu'il ne veut pas payer son argent à un pareil intérêt. « La belle affaire ! Il faut que je fasse de M. Poirier un baron ! de M. Poirier un pair de France ! un ambassadeur de M. Poirier ! Et c'était bien la peine, ô mes ancêtres ! de vous faire tuer aux grandes batailles pour illustrer M. Poirier ! — Et c'était bien la peine, ami Poirier, s'écrie à son tour M. Poirier, d'avoir travaillé nuit et jour, d'avoir calculé, supputé, patienté toute ta vie, afin de payer les dettes et les usures du descendant des seigneurs de Presle, de Grêle et autres lieux ! — Fi du baron de Cotignac ! dit le jeune homme. — Honte au marquis d'Empruntignac ! » répond le bourgeois. Et la rage, et la haine, et le mépris, et le choc violent de ces deux natures implacables, tournent au drame cette comédie ! Hélas ! voilà la faute et voilà le châtiment de cette comédie : ils ont raison tous les deux, le bourgeois et le marquis, le jeune homme et le vieillard, le gendre et le beau-père ! Il a raison de dire à M. de Presle : « O mendiant que tu es ! » Il a raison de dire à M. Poirier : « O traître ! ô bandit ! qui fais de ta fille un des échelons de ta lâche fortune ! » Ici, je vous jure, on ne rit guère ; on trouve, au contraire, que la nature humaine est une sotte chose à contempler.

Mais, Dieu merci, après M. Jules Sandeau (car la scène est de lui, j'en suis sûr : elle respire d'un bout à l'autre les plaintes, la colère et les accents de tant et tant de livres charmants où tout ce qui est faux, injuste et brutal est châtié *de main d'ouvrier* — c'est un mot de La Bruyère), arrive à son tour le poëte jovial, hâbleur et bon vivant, qui ne laisse rien tomber des belles choses qu'il a rencontrées dans les chefs-d'œuvre! Il a vu, Émile Augier, dans *l'Avare,* la scène adorable où maître Jacques apparaît sous son double costume de cocher et de cuisinier.

Le menu de maître Jacques est un véritable repas bourgeois, comparé au souper que donne M. Jourdain à la marquise Dorimène, et l'on ne saurait trop admirer la composition, l'élégance et le fini de ce joli repas, qui serait digne d'être signé des plus grands noms culinaires de ce temps-ci.

Aujourd'hui nous avons fait bien des progrès... en cuisine, nous autres les contemporains de Grimod de la Reynière, de Carême, du marquis de Cussy et de M. Fayot.

Écoutez cependant le *menu* que déclame, à la façon de Théramène, avec une bonne humeur très-charmante, un certain comédien du Gymnase appelé Thibault.

Ce Thibault représente le Vatel de la maison Poirier, et quand M. Poirier, insulté par son gendre, entre résolûment dans les réformes et revient toùt courant au grand art d'éviter les dépenses superflues et d'user de son patrimoine avec modération, il fait comparaître son cuisinier, M. Vatel. « Donnez-moi le menu du dîner, lui dit M. Poirier, du dîner de demain. — Il est à la copie, » répond Vatel-Thibault. Et il faut l'entendre disant ce *Il est à la copie!* Il n'y avait au monde que le grand Laguipière, le cuisinier de Murat, qui eût ce geste et cet accent solennel. Laguipière avait été le maître et le conseil de Carême; il est mort au feu, on peut le dire, à Wilna, le jour même de la bataille; il est mort comme il a vécu, les pieds à la glace et la tête dans les fourneaux, ce cuisinier modèle, ce Laguipière qui était le cuisinier des rois, si Carême et Daniel étaient les cuisiniers des princes et des banquiers.

Pardonnez-moi cette digression, elle rentre heureusement dans mon sujet. « Mais, répond le Vatel interrogé par M. Poirier, si le menu *est à la copie*, il est aussi dans ma tête. » Et voilà notre homme qui se met à déclamer son *menu* à la façon de ce héros du deuxième livre récitant le catalogue des combattants dans l'*Iliade*. Écoutez cependant, et jugez-moi de ce menu-là, que ni Robert, ni Mériot, ni M. Colnet, ni Véry, ni les Frères Provençaux, n'auraient composé à eux tous.

Potage. — Au tapioca.

Deux bouts. — Le pâté de lièvre, le jambon à la gelée.

Deux flancs. — La carpe à la Chambord, la dinde truffée.

Six entrées. — Les riz de veau à la financière, les côtelettes de mouton à la Soubise, façon Cussy ; le filet de bœuf au madère, gigot de chevreau poivrade, pain de gibier, l'aspic de volaille.

Deux rôts. — Le faisan piqué, les perdreaux bardés.

Quatre entremets. — Les petits pois à la française, les épinards au beurre, les asperges en branche.

Quatre entremets (démoulés). — Le gratin d'orange, le sultan meringué, le bavarois à la vanille, la gelée de fruits.

Et pendant que notre homme, enflé de joie et d'orgueil, ajoute à ces merveilles de la gueule un tourteau à la crabe franche et des gélinottes d'Écosse arrivées le matin ; pendant qu'il énumère les vins, les liqueurs, les fromages, les salades et les gratins, M. Poirier, ennemi-né de la cuisine, cette peste de la santé, cette ruine des estomacs et le plus honteux fléau des patrimoines, *fœdissimum patrimoniorum exitium*, disait Sénèque le buveur d'eau, arrête court le malheureux cuisinier dans son triomphe, et, d'un ton sec comme une éclanche de mouton, d'une voix au vinaigre et d'un geste osseux comme ses poulets, il ordonne à ce cuisinier déshonoré de lui servir des oreilles de veau, des riz de veau, des canards aux olives, des salsifis, un lapin sauté, des pommes de terre et des pruneaux! Bonté divine! à cet ordre, on dirait que la douleur, la honte et la peine de l'ancien Vatel montent au front du moderne Vatel. Plutôt la mort que de consentir à accomplir ces immondices! Pourquoi donc ne pas lui demander aussi de remplacer les éperlans par les goujons, le fromage de Vire par le fromage de Neufchâtel, le sorbet au rhum par le punch à la romaine, le vin de Laroze par le vin de Suresnes? La scène est très-jolie, et bien faite, et bien jouée. On riait d'aise à entendre réciter ces choses savoureuses; on avait la colique au menu de cet abominable M. Poirier.

Après ce hors-d'œuvre et ce moment de repos très-nécessaire, arrive le drame, et c'est ici que Mlle Poirier, notre héroïne, aura beau jeu à donner à son gentilhomme de mari deux ou trois leçons d'honneur et de probité dont il a le plus grand besoin. « Monsieur, dit le marquis à son beau-père, nous autres gentilshommes, nous avons une probité à part, excellente entre toutes, qui s'appelle l'honneur. — Monsieur, répond le Poirier, il est bienheureux que notre probité vulgaire se trouve là pour payer les dettes de votre honneur! » La réponse est terrible, elle est vraie; elle est nécessaire aux plus grands comme aux plus petits, la probité vulgaire, la probité à l'usage de tous : seigneurs, gentilshommes, bourgeois, manants, maîtres et esclaves; la pure et vulgaire probité, qui ne s'inquiète pas de ces mièvreries et de ces recherches de l'honneur. La probité vulgaire, ce trésor de l'âme humaine, veut que le jeune marquis ne fasse pas payer ses dettes à monsieur son beau-père; la probité vulgaire veut que M. Poirier, si quelque lettre est apportée à son gendre, ne brise pas le cachet de cette lettre. Il fait une chose honteuse et contre toutes les lois qui régissent les honnêtes gens, M. Poirier, lorsqu'il force une lettre et lorsqu'il la vole pour en faire une accusation contre son gendre! Ils manquent donc, celui-ci autant que celui-là, aux plus vulgaires conditions de la vie; et c'est un spectacle qui serait insupportable si Mlle Antoinette Poirier, obéissant à la simple et vulgaire probité d'une honnête femme, ne déchirait pas cette lettre compromettante. D'un seul coup elle pouvait châtier le mari qui la trompe et la rivale qui a tué son bonheur... elle méprise une si lâche vengeance, qui serait tout au plus digne de l'âme et de l'esprit de monsieur son père. O noble femme! et quel châtiment pour l'homme indigne qui lui a vendu son nom à un prix si cruel!

Alors enfin l'honneur du jeune marquis cède la place à la probité, qu'il a trop méprisée; alors enfin ce jeune homme, indigne de cette femme admirable, a compris sa faute et s'humilie, humiliation loyale et bienséante autant qu'il eût été honteux de se courber sous la volonté de ce père Grandet qui veut couper lui-même le pain que sa fille va manger désormais! Pleurez donc et lamentez-vous, monsieur le marquis; vous êtes un lâche et vous êtes un traître! Vous avez voulu manger de ce pain si dur, mangez-en, monsieur le marquis! vous avez voulu vivre du mensonge et de la trahison, vivez-en, monsieur le marquis! vous avez accepté l'alliance intéressée et la protection abominable du riche Poirier, soyez courbé sous ce joug ignoble, monsieur le marquis! Et vous, spectateurs, mes frères, qui contemplez ce désastre et cette misère, apprenez par cet exemple à gagner votre vie honnêtement, à ne pas vous livrer pieds et poings liés aux volontés de M. de Sottenville, à ne manger que le pain gagné par vous-mêmes; apprenez que l'indépendance est la première condition du respect que vous doit votre femme et que vous porteront vos enfants!

Tout ce côté-ci de la question et de la comédie est traité avec un grand art, et enfin, quand, à tout prendre, ce jeune M. de Presle est assez châtié, quand il a bien compris les hontes de cette vie à part qui consiste à vivre de la fortune d'autrui, quand il a bien pleuré sur les grâces divines de sa femme et versé des larmes de sang sur tant d'outrages immérités dont il l'a abreuvée, arrive l'heure de la réparation et du pardon. La réparation ! M{ме} Antoinette de Presle en veut une qui sera terrible : elle exige, elle veut que son mari, le chevalier de Presle, le marquis de Presle, le porte-épée et le gentilhomme amoureux de l'honneur, ait la probité de renoncer à un duel dont Mme de Bonœil est le motif! « Vous ne vous battrez pas, Monsieur de Presle, et vous ferez des excuses à M. de Pongibaut, Monsieur le marquis. Vous avez été cruel pour moi, je suis impitoyable ; vous avez été insolent et moqueur pour mon père, je vous impose une horrible humiliation. Cette fois, rengainez votre épée, et soyez humble, et soyez modeste, et soyez *bourgeois,* Monsieur le marquis : je le veux !'»

Ainsi elle parle, et lui, le malheureux jeune homme, en vain il prie, il implore, il supplie ; en vain il est à genoux et les mains jointes... il faut obéir ! « Eh bien ! j'obéis, dit-il, je ferai des excuses à M. de Pongibaut. » C'en est fait, le voilà vaincu, humilié, écrasé, ce lion, ce tigre, ce beau fils, ce monsieur, ce marquis !

Je ne saurais vous dire en ce moment l'étonnement, l'angoisse et la douleur de la salle entière... Un seul regard brillait dans tous ces yeux! un seul cri remplissait ces poitrines ! C'étaient le regard et le cri de la foule attentive au *Cid* naissant, c'était cette éternelle voix de l'honneur des âmes françaises, cette vaillance innée, intime, extrême en toute chose... Et chacun trouvait que Mme de Presle était trop vengée, et chacun prenait en pitié le jeune homme ainsi désarmé. Quoi ! il ne se battra pas ? quoi ! il fera des excuses ? quoi donc ! il va arracher lui-même cette dernière parure de son blason ? quoi ! fouler aux pieds tant d'habitudes de son rang, de son nom, de sa caste, et donner ce démenti cruel aux traditions de sa maison ?

Pensez donc si l'on était attentif ! C'est alors que Mme de Presle, obéissant aux instincts de Chimène elle-même, ô bonheur ! se jette dans les bras du jeune homme, et, tendre et chaste comme une mère qui pardonne, elle l'embrasse, et : « Maintenant, dit-elle, va te battre ! » Ah ! les transes, ah ! l'admiration, ah ! la joie et le bonheur qui s'exhalaient de tous ces cœurs en suspens !

C'est la plus belle parole, et la plus dramatique, et la plus inattendue, qui ait traversé le drame depuis vingt ans : « Va te battre ! » Mme Rose Chéri l'a dite avec une force, une conviction, un courage, une générosité dont rien ne peut donner une idée ! Elle est tout entière dans ce mot-là : « Va te battre ! » et la pièce aussi !

Alors le succès, franchement décidé, n'a plus trouvé d'obstacle : un seul cri est parti de cette foule qui avait été jusque-là un peu sérieuse ; alors enfin ils ont triomphé sur toute la ligne, ces deux beaux esprits si bien appareillés par toutes les grâces fraternelles de l'esprit, de l'amitié, du style et de l'invention. Puis quel ensemble et quel talent dans tous ces comédiens bien menés, bien conduits, obéissant à la même idée, et celui-ci ne songeant pas à nuire à celui-là ! Au contraire, ils se font valoir l'un l'autre dans un ensemble excellent.

Le rôle de Mme de Presle sera pour Mme Rose Chéri un de ces rôles à part dans sa couronne, un rôle à côté de Clarisse Harlowe et de Diane de Lys. Berton, le jeune amoureux, a été très-vif, très-fin et tout semblable à ces jeunes gens du vieux faubourg que La Bruyère appelait « les fils des dieux ». Il est très-gentil, très-jeune et très-intelligent, ce Berton ! Dupuis est charmant dans son uniforme de maréchal des logis: on voit le gentilhomme à travers l'habit de soldat. Villars, qui est un bon comédien, a été très-touchant dans le rôle du bonhomme Verdelet.

BARRIÈRE ET CAPENDU

LES FAUX BONSHOMMES

Les *Faux Bonshommes*, au théâtre du Vaudeville, vous représentent une comédie ingénieuse, un peu longue, il est vrai; mais, Dieu merci, la verve et l'esprit n'y manquent pas. Vous dire ici les gens que nos deux auteurs, MM. Barrière et Capendu, ont voulu désigner par ce faux titre : *les Faux Bonshommes*, ça n'est pas facile. Ce qu'on appelle un bonhomme est déjà un peu au-dessous d'un homme en chair et en os : c'est un être à part, bienveillant, mais d'une bienveillance nonchalante ; avant tout, il veut vivre en repos avec lui-même, avec les autres, et, ne gênant personne, il ne voudrait pas être gêné. Il dit : *Je voudrais*, parce que le bonhomme, en effet, n'a guère qu'une volonté accidentelle; il ne sait pas même vouloir, il n'ose pas vouloir, tant sa moindre volonté est soumise à toutes les volontés qui l'entourent. Esprit fin, mais souple, âme intelligente et faible, il n'a jamais connu, cet homme-là, les attachements passionnés, les dévouements actifs, les haines vigoureuses; il ne sera jamais Alceste, il sera volontiers Philinte; il n'approchera jamais de ces natures fortes, claires, élevées, magnanimes, redoutables, qui imposent aux plus pervers l'estime et le respect. En revanche, il mijotera en son par-dedans toutes sortes de compromis hideux et mille espèces de petites lâchetés déshonorantes qu'il prend volontiers pour des précautions habiles. Lâche et traître à son insu, il se cachera derrière la *nécessité,* comme le poltron qui s'accroupit derrière un buisson; et parce qu'on ne le voit pas, ou qu'on se bouche le nez en passant derrière ce vil abri, il s'élève à lui-même un piédestal :

> Je pris un peu de courage
> Pour les gens qui se battaient...

Fi de cette bonhomie! honte à ce bonhomme! Homme, il n'est bon à rien qu'à tourner, comme un écureuil, dans un petit cercle inutile. Et quoi de plus misérable et quoi de plus triste que cette inerte et stupide bonté? La belle avance! être un homme pour arriver à la plus chétive suffisance,

pour ne pas soulever autour de soi un peu de haine, un peu d'envie, et se contenter de la pitié de ses semblables! O misère! même la bonne action que l'on fait par hasard, on la fait sans grâce et sans courage; aussi bien elle ne vous rapporte ni l'estime ni l'honneur! Au contraire, un homme, un vrai homme, qui n'est pas un bonhomme, une créature intelligente, agissante et passionnée...
« Un tel homme est à cinq cents brasses au-dessus des royaumes et des duchés », disait Montaigne. Et plus loin (certes, nous voilà loin des *bonshommes*).: « Comparez, dit-il encore, à cet homme la tourbe stupide, basse, servile, instable et continuellement flottante en l'orage des passions diverses qui la poussent et repoussent, despendante toute d'autruy. » Oui, « la tourbe despendante d'autruy », voilà la race abjecte, inutile, inerte, insipide et bête des *bonshommes!* C'est pourquoi les deux auteurs de la pièce nouvelle (et la pièce vaut la peine qu'on en parle) auraient bien fait de l'appeler *les Bonshommes* tout simplement, sans dire *les faux* bonshommes. Les *bonshommes,* ça en disait assez, ça disait tout ce que les auteurs voulaient dire, car la *faiblesse* implique inévitablement l'irrésolution, l'avarice, le dépit, la couardise, l'envie, et tous les petits soins, et toutes les craintes ridicules, et toutes les méprisables fureurs

d'un esprit ingénieux à voir en misères, en bassesses, en lâchetés, toutes choses. Quelle cousine plus germaine du mensonge et de la trahison que la faiblesse? Un bonhomme est un idiot qui se ment à lui-même, incapable de mal, incapable de bien... Au besoin, il sera plus facilement traître et plus volontiers méchant que simple, énergique et vrai! Enfin, autre obstacle à l'accomplissement sérieux de cette comédie : il fallait l'appeler *le Bonhomme*, au singulier, comme on dit *le Méchant*, comme on dit *le Joueur*, comme on dit *l'Avare* et *le Misanthrope*.

En effet, ils sont singuliers avec leur pluriel, les poëtes comiques de ces dernières années! On dirait qu'un seul homme, une fable unique, un seul caractère ne suffit pas à leur comédie, et qu'ils ne seront pas contents avant d'avoir embrassé le genre humain, comme Néron embrassait Britannicus, « pour l'étouffer »! C'est ainsi qu'ils nous disent : « Accourez tous, nous allons vous montrer le demi-monde! — Eh quoi! tout le demi-monde en un jour? — Oui, tout entier. — Quoi! tous les bonshommes? — Oui, tous. On vous a bien montré en bloc tous les Atrides! » Supposez cependant que Molière eût annoncé *les Tartuffes* comme il annonçait *les Femmes savantes*, le monde eût reculé d'horreur et de dégoût; et pourtant, à côté de Tartuffe, il y avait Laurent, son valet, ce valet que le poëte a prudemment laissé dans l'ombre; il a grandi au milieu des crimes et des succès de son doux maître; il a pris la plume, et... il a fait diablement son chemin.

Pendant que nous discutons, M. Péponnet, capitaine de la garde nationale, homme enrichi et fait pour aller à tout en passant par la porte haute de la Chambre des députés, imagine de commander son portrait au jeune peintre Octave, et le jeune Octave, semblable au peintre amoureux, s'essaye à tirer parti de cette inintelligente figure! Octave est amoureux de la fille même de ce Péponnet, et rien ne lui coûte pour se rapprocher de celle qu'il aime. Ainsi fait Edgar, le loustic de la bande heureuse des dessinateurs fantaisistes! Prenez garde à cet Edgar! il a la malice du singe et le dard du serpent. Son crayon est taillé pour la charge; il excelle à reproduire, en riant, les moindres laideurs du genre humain. Giraud lui-même et Nadar ne sauraient lutter contre ce pince-sans-rire; à peine si Gavarni, ce vivant et souriant Gavarni, quand il raille avec tant de grâce et tant d'esprit, se peut comparer à maître Edgar. Certes, celui-là n'est pas un faux bonhomme; il n'est pas même un bonhomme, et « qui s'y frotte aussitôt s'y pique », un véritable porc-épic d'atelier!

Cependant, autour de M. Péponnet, vous voyez accourir les amis, les parasites, les flatteurs, que la fortune attire, appelle et provoque en tous les coins de ce bas monde. Celui-ci est un Alceste de contrebande, un Philinte venimeux; chacune de ses paroles, emmiellée à la pointe, arrive en flèche et blesse comme un trait celui qu'elle touche. Il vous loue en vous égorgeant; sa flatterie est un déshonneur, et sa platitude est une accusation. Arsinoé elle-même est la grand'mère de ce M. de Bassecour.

> Hier, j'étais chez des gens de vertu singulière,
> Où sur vous du discours en tourna la matière,
> Et là votre conduite, avec ses grands éclats,
> Madame, eut le malheur qu'on ne la loua pas...

L'autre bonhomme, à côté de Bassecour, est un philanthrope, un utilitaire, un économiste, un grand prédicateur du *guano*. Pour peu qu'on le voie et pour peu que sa bourse ne contienne pas grand'chose, il versera volontiers sa bourse entre les mains d'un mendiant : tel est M. Dufourré. Sa femme, la *clinquaillière*, est une bonne femme odieuse, une vraie lady Tartuffe en jupon de laine. Absolument Mme Dufourré veut marier à Mlle Péponnet la cadette un idiot de fils qu'elle a fait avec M. Dufourré, et ce fils est encore une heureuse création. Figurez-vous un grand niais mal fait, mal vêtu, mal venu, tout rempli des passions les plus bêtes et les plus compromettantes, un véritable enfant terrible, et soufflant à chaque instant sur les châteaux de cartes de madame sa mère. Ah! la vilaine compagnie! ah! les vilains hommes et de la plus triste espèce! Il n'y a pas un de ces hommes-là qui ait jamais lu une fable de La Fontaine, une lettre de Mme de Sévigné! pas un qui ait porté le deuil de Paul Delaroche, qui saluât M. de Lamartine quand il passe, ou qui sentît battre son cœur au nom seul de l'auteur des *Contemplations!*

Vilaine engeance et vilaine race! Ils donneraient l'*Iliade* entière pour une lettre anonyme, et *Notre-Dame de Paris* pour une boutique de changeur; ils ont fait du monde entier un bazar immense où toutes les consciences sont à vendre, et (voyez la misère!) la marchandise est à si bas prix, ces bonshommes de plâtre et de carton, qu'elle ne trouve pas d'acheteur. Un pareil spectacle est triste, et si profondément triste qu'il se soutient à peine à force d'esprit, de sentences, de reparties plaisantes, de moralités, de bons mots. Certes, ces reparties ne sont pas toutes d'une excellente nouveauté; mais elles plaisent, elles font rire, et même ceux qui les ont entendues il y a longtemps s'en contentent. Il en est de ces *ana* de la comédie nouvelle comme du médaillier du savant Barthélemy. Un jour qu'il montrait ses médailles à quelques-uns de ses amis : « On m'en a beaucoup donné, disait-il, j'en ai acheté beaucoup, j'en ai volé quelques-unes. » Et ces dernières, soyez-en sûrs, n'étaient pas les moindres ornements du précieux médaillier.

Mais l'esprit, la bonne humeur, la jeunesse elle-même et les enchantements des cœurs bien épris ne suffisent pas à faire oublier longtemps les hontes, les misères et la laideur de l'argent. De toutes les vilaines passions du cœur de l'homme, la passion de l'argent est la plus triste et la plus misérable. Il est vrai que pendant cinq actes Molière, et les maîtres avant Molière, Aristophane et Plaute, ont fait supporter un avare, *un seul avare;* en même temps, voyez que de grâces, de gaieté, de charmants épisodes, de choses hardies, Molière a jetés, d'une main prodigue, sur les traces honteuses de ce vil Harpagon ! Tant de jeunesse et tant de beauté ! tant de personnages naïfs, gais, contents, d'une jovialité charmante : Élise, Cléante, Valère, et Marianne, et Frosine, et maître Jacques, et La Flèche, et Brin-d'Avoine, et Lamerluche !... On ôterait Lamerluche, on ôterait le *troumadame*, ou le *lézard empaillé*, « curiosité bonne à suspendre au plafond », que *l'Avare* y perdrait une gaieté presque indispensable. En effet, pour que cet abominable avare soit supporté jusqu'à la fin, il ne faut pas qu'il perde une seule des grâces et des gaietés qui l'entourent. Ajoutez ceci, que l'homme d'argent que nous montrait Molière a pourtant sa fortune faite ; il est une espèce de conservateur, il est revenu à moitié de la bataille hideuse et des vilaines complications de l'argent; bref, il n'est pas à l'œuvre, et l'on ne voit pas la cuisine et les éviers de sa fortune.... Au contraire, ici, chez les faux bonshommes et dans toutes les pièces modernes où l'argent joue un certain rôle, on vous montre à satiété tous les rouages, toutes les cuisines, tous les tripotages de cette abominable passion. La plupart du temps, les hommes d'argent de la moderne comédie ont leur fortune à faire; ils n'ont pas un sou dans leur poche et pas un sou de crédit, et les voilà qui s'abandonnent, sous vos yeux, à toutes sortes de friponneries tolérées, mais intolérables, à mille escroqueries sans nom, qui n'ont rien de plaisant. Ces sortes d'avares au rabais, ils sont hideux ! cette avarice au biberon, dont il faut essuyer les langes et les déjections, elle est horrible ! Au contraire, un bel et bon avare, étoffé d'or, doublé et redoublé d'argent, je le supporte : il a pour lui la fortune assise; il a l'habitude et la *gloire* intime que donne l'argent acquis, encoffré et palpitant à ceux qui le possèdent; mais ces enrichis du rien du tout, ces Harpagons de la coulisse en plein vent, ces dénicheurs d'actions tarées, ces détrousseurs de la petite Bourse, ces Laws du bitume et ces Ouvrards du ruisseau, vraiment, c'est un spectacle à la fois misérable et peu digne d'attirer l'attention d'un galant homme! A la Bourse, dites-vous, n'oubliez pas que nous vous menons à la Bourse, c'est-à-dire dans l'antre et dans le capharnaüm de l'argent... Eh bien! oui, nous y sommes, je le veux bien; mais, encore un pas dans les sentiers glissants de cette éternelle Bourse, nous tombons au fin fond de la police correctionnelle, convenez-en.

Voilà pourquoi, dès qu'il s'agit de la Bourse et de ses mélodrames, dans *les Faux Bonshommes* du Vaudeville, aussitôt l'attention publique est lassée et demande à s'attacher autre part, fût-ce aux cornes de la lune. Heureusement nos deux auteurs ont glissé d'un pas leste sur ces embûches, et, après les premières déclamations, ils nous ont ramenés bien vite aux amours d'Octave et d'Emmeline, aux bons mots d'Edgar, aux brusqueries de la petite Eugénie, au côté jeune, et pauvre, et charmant, de la vie humaine! MM. Barrière et Capendu eussent appuyé plus longtemps sur les tripotages de M. Anatole et sur les friponneries de M. Lecardonel, leur pièce était perdue, et c'eût été dommage : elle contenait un admirable troisième acte, cette pièce-là.

Figurez-vous, car c'est tout un récit, ce troisième acte... que depuis tantôt deux heures la pièce allait assez bien, mais lentement; on l'écoutait, mais sans trop de zèle; on souriait à l'esprit, mais sans fanatisme; on disait : « Ça marche, » et nul ne pouvait dire encore à quel but ça marchait, quand tout d'un coup nous avons vu revenir le jeune Octave. En sa qualité de peintre, il avait été chassé de la maison de M. Péponnet, et tout d'un coup il veut prendre sa revanche. « On ne veut pas du peintre, on voudra du coulissier, » se dit-il. C'est pourquoi il a crevé ses toiles, c'est pourquoi il a jeté sa brosse aux orties; il a brisé son chevalet, de sa palette il a fait un feu de joie; et le voilà, le revoilà, le carnet à la main, achetant, vendant, revendant, tripotant des masses de *Montagnes*, de *Canaux*, de *Crédit*, d'*actions de chemins*, de *caisses*, de *mécaniques*, d'*actions de Petites Voitures*, de *Gaz* et d'*Omnibus!* Tout y passe! Il est le Pactole, il est l'*alpha* et l'*oméga* de la Bourse, il est la *corbeille* elle-même, et non pas seulement un brin de la corbeille! O le grand homme! « Est-ce bien lui qui n'était qu'un peintre il y a huit jours? » se dit

M. Péponnet. Interrogez le jeune Octave... il vous répondra: *Millions!*

Sous ses heureuses mains le cuivre devient or!...

Il rit à l'or et à l'argent! il en mange! « Oh! le bon parti pour ma fille, maintenant que M. Octave a renoncé aux beaux-arts! » se dit encore le bonhomme Péponnet. Ajoutez que le jeune Octave, maintenant qu'il est revenu à des sentiments meilleurs, a reconquis l'estime, la tendresse, l'amitié, la confiance et l'héritage de son fameux oncle, un tri-millionnaire, le millionnaire (avec trois *lll!*) Vertillac.

Je vous signale ici ce Vertillac... Depuis que *la Bourse* et les boursiers sont devenus les héros de la comédie, on n'a rien inventé qui vaille, à beaucoup près, ce Vertillac. Il est solennel comme une ode et gourmé comme un dithyrambe. Il va... tout d'une pièce, et pas un geste à droite et pas un geste à gauche! On ferait marcher l'argent, on le ferait parler, il ne marcherait pas, il ne parlerait pas autrement. Rien de trop, à peine assez, le voilà, ce Vertillac. Vraiment, la trouvaille est bonne, et l'on rit aux éclats lorsque enfin on s'aperçoit que cet automate n'est pas un Seguin empaillé!

Donc, le jeune Octave a pris le chemin de traverse et les sentiers de la Bourse pour arriver au cœur de la place et de son futur beau-père. « Je suis venu, j'ai vu, j'ai vaincu ! » Il est venu sur un sac d'argent. Tout s'explique, et le Péponnet court maintenant après ce même amoureux dont naguère il n'avait pas voulu pour son frotteur. Ainsi, tout va bien : Octave est *réhabilité* par son oncle, accepté par le Péponnet, glorifié par la coulisse; il a tout à fait le *truc* de l'agent de change et le *fion* du banquier; seulement, il est fâcheux qu'Edgar, l'ami d'Octave, et la jeune Emmeline, sa prétendue, ne soient pas dans la confidence d'Octave. A quoi bon ce mystère, et pourquoi donc mons Octave néglige-t-il ainsi de mettre Edgar dans le secret de ce changement soudain? et pourquoi nous priver d'une scène charmante entre Octave et la jeune Emmeline?

« Ayez bon courage, Emmeline ! J'ai compris que jamais mon oncle et votre père ne consentiraient à nous unir, et j'ai flatté leur manie en devenant pour vingt-quatre heures un homme de la Bourse! » Emmeline, avertie, eût aidé à la métamorphose; elle eût encouragé le jeune Octave de son plus doux sourire et contribué à l'effet de la grande scène. Edgar, averti de son côté, eût poussé vivement à la roue. « Ah! cher Edgar, cela t'étonne de voir ton ami renoncer à la peinture, et tu me crois un louis d'or à la place du cœur!

Non! non! je suis encore un artiste! non! je n'a[i]
pas renié les vrais dieux! Seulement, puisque l'o[n]
nous condamne et qu'on nous chasse, eh bien! j[e]
veux montrer à ces veaux d'or que leur scienc[e]
est la plus misérable de toutes, et qu'il est mill[e]
fois plus facile de manier de l'argent que de teni[r]
un pinceau! » Voilà ce qu'il eût dit, et la foule, oyan[t]
cette déclaration de principes, fût entrée plus faci[-]
lement et peut-être aussi plus avant dans les méta[-]
morphoses du jeune Octave.

Encore une fois, elle était si bien à sa place au[x]
premières scènes du troisème acte, cette scène entr[e]
Emmeline et le jeune Octave! Elle eût ajouté u[n]
si vif intérêt à la scène du mariage! Ah! cett[e]
scène du mariage entre Octave et la fille du bon[-]
homme Péponnet, je n'en connais guère aujour[-]
d'hui, parmi nos grands poëtes comiques, qui se[-]
raient assez habiles pour la tenter, assez heureu[x]
pour réussir, même en copiant de leur mieux l[a]
scène du mariage de Cléante avec la jeune Élise, l[a]
fille d'Harpagon.

Eh bien! au troisième acte des *Faux Bons[-]
hommes,* le bonhomme Péponnet, aussi difficil[e]
et méticuleux qu'Harpagon lui-même, aussi niai[s]
que Bartholo, est assailli soudain par tant d[e]
volontés irrésistibles, il est pris dans un si profon[d]
traquenard, il est à ce point violenté par Octav[e]

changé en loup-cervier, qu'il n'a même pas le temps de compter cette dot qui lui est enlevée à la pointe de mille sophismes. Que disons-nous? La demande en mariage du banquier Vertillac à Péponnet est un chef-d'œuvre. L'on n'a jamais mieux parlé la langue des contrats et des obligations depuis la célèbre faillite du bonhomme Birotteau, le vrai bonhomme de M. de Balzac.

Malheureusement ce troisième acte, éclatant à la façon d'un finale de Rossini lui-même, n'est pas tout à fait le dernier acte. Après tant de rires et de gaietés qui devraient nous suffire, un quatrième acte arrive, et nous assistons à la lune de miel de ce mariage à l'emporte-pièce. Hélas! les revoici, nos deux artistes, Edgar qui ricane encore, Octave amoureux toujours. Le bonhomme Péponnet, qui a mis toute sa fortune aux mains malhonnêtes d'un manieur d'argent, voyage en ce moment *en Suisse, en plein bleu,* et je vous demande si pareil voyage est possible et peut tomber dans l'esprit d'un Péponnet, à l'heure où la fortune de Péponnet appartient au plus vil faiseur d'affaires! *Il est à propos que j'aille faire un petit tour à mon argent!* disait le premier Harpagon, et sa sollicitude est tout à fait dans la nature de l'avare.

J'en veux un peu à nos deux auteurs, à M. Capendu, à M. Barrière, de ce malencontreux quatrième acte. Au moins, s'ils en avaient fait leur troisième acte, et s'ils avaient gardé leur *mariage* et leur contrat pour la dernière scène... Et vous verrez, quand leur comédie aura produit son grand effet de gaieté, de sel attique et de bonne humeur, que nos deux auteurs finiront par accomplir cette utile et facile révolution.

MARIO UCHARD

LA FIAMMINA

Voici maintenant ce qui se passe au Théâtre-Français, et ce que l'on pourrait appeler *la revanche de la comédie*. On leur a tant dit, à messieurs les comédiens du Théâtre-Français : « Prenez garde aux comédiens du Gymnase, aux comédiens du Vaudeville, et même aux comédiens de l'Ambigu-Comique! » on les a tant piqués et *taonés*, en plaçant sous leurs regards attristés Mme Rose Chéri, Mme Doche et Mme Guyon, Mlle Delaporte et M. Geoffroy, et M. Dupuis, et naguère le jeune Berton! « Avez-vous vu, Messieurs, avez-vous vu, Mesdames, *le Demi-Monde?* avez-vous vu *la Dame aux camélias?* avez-vous vu *le Gendre à M. Poirier?* avez-vous vu *les Faux Bonshommes?* avez-vous vu *la Question d'argent?* Voilà certes la vraie et sincère comédie, et surtout voilà, par Apollon et les neuf Muses ! voilà comme on la joue ! Hors du Gymnase, hors du Vaudeville et même hors de l'Ambigu-Comique, il n'y a plus de salut pour la comédie ! Ainsi, Messieurs les sociétaires du Théâtre-Français, soyez sages et résignez-vous ; soyez humbles, renoncez à tout ce que nous appelons, nous autres, la comédie intime ; faites-vous petits, et vous contentez du *Misanthrope*, des *Femmes savantes* et de *Turcaret !* » Puis on les consolait ! puis on les prenait en pitié ! et tant et tant qu'ils en étaient fatigués, effarés, abasourdis. Pauvres bonshommes et pauvres bonnes femmes du Théâtre-Français, qui s'amusent encore

  Des peuples qui dix ans ont fui devant Hector !

Ainsi exposés aux mépris, et, chose plus cruelle, aux consolations de la *comédie intime*, ces messieurs et ces dames rongeaient leur frein en silence, attendant, non pas sans rage, une occasion de prendre enfin leur revanche avec la comédie illustrissime des infiniment petits mouvements de l'âme humaine. « Anne, ma sœur, ne vois-tu rien venir ? »... Rien ne venait à leur aide. En vain ils interrogeaient chaque jour M. Léon Guillard, le modeste, intelligent et dévoué scrutateur des manuscrits inconnus... la comédie intime avait oublié le seuil du théâtre anéanti, quand tout à coup un nouveau venu se présente, apportant *la Fiammina!* Ce nouveau venu n'avait jamais mis le pied dans les avenues de la comédie; il était parfaitement ignorant de cette espèce de travail qui consiste à faire entrer un personnage, à le faire parler, à lui trouver une sortie à peu près vraisemblable; enfin que vous dirai-je? il n'avait pas l'art, il n'avait pas le métier; lui-même il ne savait pas s'il savait écrire un dialogue, et pourtant sa pièce et lui ils furent les bienvenus, les bien écoutés, les bien acceptés. « Quelle fête! se disaient entre eux ces comédiens décarêmés, nous avons enfin une comédie intime, et maintenant tâchons de la jouer comme on la jouerait au Gymnase! » Ils n'avaient pas d'autre ambition, ils n'avaient pas d'autre souci. Berton! Lesueur! Mme Rose Chéri! Ils les voyaient dans leurs rêves, ils leur tendaient leurs mains suppliantes. Dieux et déesses de la comédie, ayez pitié de nous! Aussitôt donc ils se mirent à l'œuvre, et voici que jeudi passé *la Fiammina* est devenue, en moins de quatre heures, la première comédie intime et le plus grand succès du Théâtre-Français.

Rien de plus facile et de plus tôt fait que de vous raconter la nouvelle comédie. Un de nos peintres célèbres, héros constant de la grande peinture, un de ces artistes sérieux entourés chez nous de louanges et de respects, un homme enfin qui, par la fermeté de son caractère et par la dignité de son talent, pourrait s'appeler Paul Delaroche (nous nommons celui-là parce qu'il est mort!), passe sa vie au fond de son atelier, entre le tableau qu'il faisait encore hier et le chef-d'œuvre qu'il tentera demain. Ce galant homme a nom Daniel Lambert; il est riche, il est honoré, il est aimé; il est seul au monde. Heureusement il a près de lui, pour l'aimer et pour le réjouir aux heures sombres, un fils de vingt ans, un beau jeune homme dont il est à la fois le père et la mère, et vous voyez d'ici les charmantes tendresses entre le père et son unique enfant. En ce moment le jeune Henri Lambert nous a tout à fait rappelé ces jeunes Athéniens bien élevés, que leur maître avait jugés capables « de parler et d'agir »; ajoutez : capables d'accomplir de grandes choses et de supporter de grands malheurs. Les Grecs, nos maîtres, disaient tous les mérites d'un jeune homme bien élevé en un seul mot que Jean-Jacques Rousseau a merveilleusement commenté dans l'*Émile!* Ajoutez que ce jeune Henri est un poëte, ajoutez qu'il est amoureux d'une honnête jeune fille, et que la petite personne est toute disposée à l'aimer... elle n'attend plus que le consentement de sa mère. Et voilà où nous en sommes au lever de ce charmant rideau : le fils content, la fille accorte, et le père à son tableau, sur lequel il agite à la façon de Decamps lui-même toute une Pharsale.

Les Lambert père et fils voient entrer dans l'atelier, ou plutôt dans leur champ de bataille, un de ces deux ou trois gentilshommes anglais célèbres dans toute l'Europe intelligente par leur immense fortune et par leur grande passion pour tous les genres de chefs-d'œuvre en toutes sortes de beaux-arts. Celui-ci s'appelle lord Dudley, et ce lord Dudley est ce qu'on appelle un gentilhomme accompli. « Monsieur Lambert, dit-il au célèbre artiste, un vif désir qui me tient depuis longtemps, c'est de posséder de votre main une image éclatante de la femme que voici. » En même temps il confie à Daniel Lambert une esquisse admirable de la célèbre cantatrice Fiammina. « Milord, répond Daniel Lambert en lui rendant le portrait, il m'est impossible, absolument impossible d'entreprendre l'image que vous me demandez. »

Ceci dit, s'en va lord Dudley, et le jeune Henri Lambert, resté seul avec son père, veut savoir pourquoi donc il a refusé à ce seigneur le tableau qu'il lui demandait. C'est en ce moment que le grand peintre Daniel Lambert confie à son fils Henri le secret de sa naissance. Hélas! son père a dit à cet enfant qu'il avait perdu sa mère... Il l'a perdue, en effet, mais sa mère n'est pas morte ; elle est pis que morte : elle a quitté le toit conjugal, elle a trahi tous les devoirs de l'épouse ; elle a laissé seuls, abandonnés l'un à l'autre, et son mari et son enfant! Voilà la peine intime et voilà le mystère de Daniel Lambert. L'histoire est vulgaire, elle est l'histoire universelle que racontent à qui mieux mieux tous les moralistes. C'est la plainte éternelle, et nous savons bon gré à Daniel Lambert de se souvenir que « la plainte est pour le sot »! Cependant, à cette révélation inattendue que sa mère est une comédienne un peu plus que *protégée* par un lord très-riche, Henri Lambert courbe la tête, et le voilà rêvant aux événements qui vont venir.

Il faut cependant vous avertir que ce soir même, au Théâtre-Italien, sans vergogne et sans respect pour le mari qu'elle a trahi, la Fiammina débute, et qu'elle va chanter un des rôles de Julia Grisi. Tout le Paris des belles dames et des plus beaux messieurs a pris rendez-vous au Théâtre-Italien ce soir, et vous pensez si le jeune Henri est avide et curieux de voir et d'entendre enfin la femme dont il est le fils. Le voilà donc, l'infortuné, qui prend place à l'orchestre, et qui, dans l'entr'acte, après les grands succès de la nouvelle Norma, prête une oreille épouvantée aux discours des oisifs. Ça doit être, en effet, une étrange torture, et l'on ne comprend guère qu'un galant homme, intéressé si directement à ce que disent les oisifs de sa femme, de sa maîtresse ou de sa mère, assiste, indifférent, aux discours des amateurs de l'orchestre, aussitôt que la toile est tombée ! « As-tu vu, dit l'un des spectateurs, la Fiammina (ou toute autre mortelle de l'art de la déclamation, de la danse et du chant) ? — Oui, répond l'autre ; elle est encore assez belle » ; ou bien : « Je la trouve horrible. — On dit qu'elle est honnête... — On dit qu'elle est l'opprobre et la honte de son sexe. — Et quel talent ! — Et quelle horrible femelle ! » Et ceci ! et cela ! C'est surtout au théâtre, entre deux actes, qu'il n'y a qu'un pas du Capitole à la roche Tarpéienne. Or, le moyen d'entendre à brûle-pourpoint ces sortes de discours, pour peu que sérieusement on s'intéresse à la dame ! Et surtout le moyen de ne pas donner un démenti plein de violences aux railleurs, pour peu que l'on soit le fils de la chanteuse ou de la comédienne en litige ? Ainsi fait le jeune Henri Lambert. La Fiammina, sa mère, est maltraitée à l'orchestre, il donne un démenti à l'insulteur, un démenti qui veut du sang. Voyez cependant le cruel étonnement de ce jeune homme, qui veut se battre en l'honneur de sa mère : l'insulteur de la Fiammina, apprenant que ce jeune homme est le propre fils de Daniel Lambert, s'incline humblement et lui demande pardon! Cette première épreuve est déjà assez triste, et soyez sûrs que le châtiment au pied boiteux ne se fera attendre pour cette mère ignorante qui chante avec tant de verve et tant de feu les chansons de l'Italie! A peine elle a souvenir d'avoir porté le nom de Daniel Lambert, à peine elle sait qu'elle avait un fils! C'est la profession qui le veut ainsi. Daniel Lambert, de son côté, a pu faire cette remarque judicieuse, que sa jeune femme, à force de représenter les tendresses de la Norma, avait appris à ne pas songer à son enfant plus qu'elle ne songeait à son mari. Et puis, quelle excuse a cette femme de venir à Paris, dans la ville où certainement elle doit rencontrer son mari et son fils? quelle envie et quel besoin de faire du bruit la pousse à cette rencontre impie? Il est vrai que c'est un si grand bonheur, une gloire si brillante, de chanter la *Norma* sur le Théâtre-Italien de Paris !

Au second acte (en effet, la scène du Théâtre-Italien et la provocation de Henri Lambert se passent dans l'entr'acte), nous sommes invités à passer la journée et à dîner chez M. Duchâteau, député mélomane, ami du ministre, ennemi des longs amendements. M. Duchâteau est le père de la jeune fille aimée et promise au jeune Henri Lambert; M. Duchâteau est aussi le père du jeune Sylvain, un brave garçon, j'en conviens, mais qui se moque un peu trop de monsieur son père. Certes, il aurait bon besoin de justes et sévères leçons, M. Sylvain Duchâteau, mais cependant, tel qu'il est, se moquant de son père et le traitant comme un sien compagnon, il est très-agréable à voir et très-gai ; le rôle est joli, agréable et bien joué par Got.

Cependant, à l'heure dite, arrivent les invités de M. Duchâteau : Daniel Lambert et son fils Henri, le lord Dudley et la Fiammina... la Fiammina elle-même! Même c'est à bon droit que vous vous étonnez de rencontrer dans le même salon le père et le fils, le mari et l'amant, l'amant seul (contrairement à tous les usages comiques) n'étant pas dans la confidence de ces passions, de ces terreurs, de ces douleurs. Ces commençants! ils ne doutent de rien. En voilà un qui ne savait pas, hier encore, le premier mot de l'art qu'il exerce, et tout de suite il aborde une difficulté presque insurmontable. Ici la mère, et là son fils! Des personnages rendus muets par *la voix du sang*, mais dont les yeux disent tant de choses. Et le père?... il n'est pas ridicule. Et l'amant?... il n'est pas odieux! Ces commençants vous ont des hasards qui valent mieux que toutes les habiletés.

Ainsi, le second acte de *la Fiammina* est tout à fait digne du premier acte : il est vif, bien fait, et va droit au but. Même la femme est touchante, en dépit de ses trahisons. Dieu sait cependant que la chose est difficile : attendrir en plein théâtre, en leur montrant les petits inconvénients de l'adultère, une foule de femmes jalouses de tous leurs droits, même du droit de changement, sur les douleurs d'un mari trompé et d'un fils abandonné, tant nous avons été habitués, par les maîtres de la comédie, à rire aux éclats de cette sorte de malheurs! Elle-même, Vénus, la belle déesse, quand le féroce Diomède a touché de son fer sa main divine, et qu'elle va se plaindre à Jupiter, Jupiter éclate de rire au plus haut des cieux.

Et vite, et vite, allons au troisième acte, qui est en même temps le quatrième acte! Il faut maintenant que le fils de la femme adultère, après avoir cherché vainement une querelle à l'orchestre du Théâtre-Italien, s'en vienne à l'amant de sa mère, et le châtie à son bon plaisir. Ici encore la tentative est pleine de périls : le feu est sous la cendre, et le pied peut glisser au jeune Henri. Comment donc! voici tantôt vingt ans que sa mère est une vagabonde, une chanteuse errante, un vain nom dans le vide, un vain bruit dans l'espace, et M. Henri Lambert s'en viendra tout d'un coup chez un des plus grands seigneurs de l'Angleterre pour lui redemander qui? cette mère inconnue, égarée et sans nom! C'est bien vite dit: « Rendez-moi ma mère! » encore il faudrait que lord Dudley eût pu savoir, quand il s'est mis à *protéger* la Fiammina, que la Fiammina (*une foraine*, c'est le mot légal) était la femme légitime du célèbre Daniel Lambert et la mère légale du jeune Henri Lambert! Voilà ce que lord Dudley explique à M. Henri; il lui affirme, en homme d'honneur, que si lui, lord Dudley, il savait que la Fiammina était mariée, il n'a jamais su le nom de son mari, ni que la Fiammina eût un fils. Certes, il est le *protecteur* de Mme Daniel Lambert, mais il est son protecteur sans le savoir. Enfin, là, vraiment, M. Henri s'y prend un peu tard pour retrouver sa mère, et quelle mère! « une femme ayant chanté

Tout l'été ».

Ici, l'on ne peut pas nier que la comédie n'entre pas dans la déclamation. Après tout, il ne s'agit pas ici d'une épouse vulgaire et d'une mère taillée sur le patron de toutes les mères ; il s'agit d'une Italienne et d'une chanteuse à la mode, et ces dames illustres jouissent de quelques priviléges. Ces sortes de miracles sont semblables aux princes et aux enfants : elles sentent vivement; mais ce qu'elles ont senti, elles l'ont vite oublié. Ces reines de la rampe, elles sont comme les autres reines : elles n'ont ni père, ni fils, ni mari; elles n'ont que des sujets. Madame votre mère est tout simplement une grande artiste, Monsieur Henri, elle n'est que cela, elle ne songe qu'à plaire au public, et ne lui en demandez pas davantage. Elle est perdue, elle est blasée, et elle n'est plus dans l'âge où les fautes sont des leçons, où le malheur est une ressource. Ainsi, croyez-moi, abandonnons cette dame illustre à son vagabondage, à sa fantaisie, à *sa gloire*, et ne tentons pas dans cette mère le démon muet de la maternité. Qui sait, en effet, si cette Norma sera contente de rencontrer à l'improviste un fils grand comme père et mère ? Il y en a tant, parmi ces dames, quand elles ont un fils de dix ans, qui lui défendent de leur dire : « Ma mère ! » C'est tout au plus si elles consentent à être appelées : « Ma sœur ! » Voyez, disent-elles, le petit frère que ma chère maman m'a donné ! Les plus tendres ajoutent: *Je l'aime autant que s'il était mon fils!*

La Fiammina, je le reconnais volontiers, ne s'est pas chassée à ce point-là du nombre des mères. A peine elle a vu son fils que la maternité, longtemps endormie au bruit des orchestres, se réveille et parle aussi haut que si la dame était Mérope elle-même. « Barbare, il est mon fils! » Ou bien : « Milord, il est mon fils! » Et son fils à ce point que la dame, apprenant tous les duels dont elle est la cause, en toute hâte s'en va, qui l'eût jamais pensé? chez le mari outragé, chez le mari insulté, chez le délaissé Daniel Lambert. « Me voilà! rendez-moi mon fils! » A ce mot : « Mon fils! » Lambert, qui était jusque-là plus semblable au fantôme de la vengeance qu'à la vengeance en chair et en os, Lambert, hors de lui, finit par dire à cette femme une douzaine de vérités impitoyables : « Ton fils, malheureuse! il ne fallait pas le quitter quand tu étais toute jeune et qu'il était un petit enfant qui ne pouvait guère se passer des soins de sa mère! » Ainsi s'écrie en son patois paternel le brave homme Daniel Lambert, pendant que la mère au désespoir se lamente et voudrait racheter par le sacrifice de toute sa vie *un instant d'égarement*... un égarement qui n'a pas moins de vingt ans.

Drame ou comédie, écoutez la fin de la *Fiammina!* Lord Dudley, voyant la dame engagée en tous ces accidents imprévus, prend congé d'elle en soupirant; son fils, Henri Lambert, touché par le désespoir de sa mère et par ses repentirs, se jette dans ses bras et lui promet de la revoir un jour. Daniel Lambert, déjà consolé, reviendra demain à sa *Pharsale*.

Et maintenant que lord Dudley retourne en son île de la Grande-Bretage, et que la Fiammina va cacher sa honte et sa tendresse maternelle en quelque petit Carpentras, M. Duchâteau, le député, ne demande pas mieux que de donner sa fille au fils de Daniel Lambert. Voilà donc ces aimables jeunes gens qui vivront désormais largement et pacifiquement dans l'état de mariage.

La Fiammina est une pièce un peu vieille et charmante; elle a réussi par la grâce et par l'esprit, par la gaieté et par les larmes. Elle a réussi comme peu de comédies ont réussi sur le Théâtre-Français. Il faudrait remonter jusqu'à Mlle *de La Seiglière* pour rencontrer une fête égale à cette fête, et qui soit plus digne de l'attention, de la curiosité, de l'intérêt, du succès et de l'émotion. C'est une pièce heureuse; elle n'est pas nouvelle, et cependant elle étonne comme une nouveauté; elle est écrite au hasard, d'une main sans expérience, et sans trop d'art et sans trop de goût, pourtant on l'écoute avec un vrai plaisir; peu d'étonnements, peu de surprises, rien d'imprévu, et partant le premier venu sait à l'avance où le poëte comique le peut conduire. Eh bien! le spectateur, charmé de tant de grâce et de vérité, s'abandonne et très-volontiers au mouvement de cette fable et de cet esprit. Déjà même, et c'est un des grands caractères d'un succès au théâtre et dans les livres, toutes sortes de contes, d'histoires, d'allusions et de suppositions s'agitent et se démènent autour de la pièce nouvelle. Déjà elle est passée à l'état de légende, et les esprits forts y veulent voir toutes sortes de choses qui n'y sont pas, que je sache. Les uns prétendent que l'auteur est un mari qui se venge, et les autres qu'il s'agit d'un mari qui pardonne; ceux-ci soutiennent que ce même mari, dans sa comédie, appelle, à vingt ans de là, sa femme errante, et ceux-là que la pièce est faite uniquement pour démontrer la *non-responsabilité* du mari et sa parfaite indépendance des crimes et des trahisons de la femme aussitôt qu'elle a quitté le toit conjugal. Ils sont trop habiles et trop fins pour nous, messieurs les commentateurs. Nous autres, les bonnes gens, qui n'allons pas chercher midi à quatorze heures, nous voyons dans *Fiammina* tout simplement les grâces et les larmes, la sympathie et la curiosité, la colère et la pitié que l'auteur a jetées à pleines mains dans sa comédie. Il faut voir aussi le jeu, l'entrain, l'esprit, la revanche et le talent de tous ces bons comédiens, Geffroy, Got, Delaunay, Bressant, et Mlle Judith ! Ainsi voilà, grâce à cette *Fiammina*, nos comédiens affranchis de cette pitié qui faisait dire aux malins : « Ces pauvres comédiens du Théâtre-Français, que ne vont-ils prendre des leçons au Gymase, au Vaudeville, à la comédie intime ! O les pauvres gens ! qu'ils sont à plaindre avec leur *Tartuffe*, leurs *Femmes savantes*, leur *Marie Stuart* et leur *Turcaret !*

ALEXANDRE DUMAS FILS

LE DEMI-MONDE

Aimez-vous les pêches ? Vous aimez les pêches et vous entrez chez le verdurier du roi. On vous montre, en un beau panier, une vingtaine des plus beaux fruits enveloppés avec le plus grand soin dans une feuille de vigne, et tout le velouté, et tout l'incarnat de la pêche, en un mot, la fleur du panier. « Combien « vos pêches ? dites-vous au marchand. — Trente « sous la pièce », vous répond-il. Et, véritablement, l'eau vous en vient à la bouche rien qu'à les voir.

« Oui, mais dans un coin de la boutique, et dans un panier de même grandeur, sont entassées d'autres pêches, qui au premier abord ressemblent tout à fait aux pêches de trente sous : même taille et même qualité ; évidemment, ces beaux fruits de l'une et de l'autre corbeille ont été cueillis sur le

même espalier. « Combien vos pêches ? dites-vous
« au marchand. — Celles-là, je vous les laisse à
« quinze sous », vous répond-il. Et vous, très-étonné
de cette différence dans les prix du même fruit,
vous voulez en savoir le motif... Prenez au hasard
dans le tas de pêches qui remplissent la corbeille
au rabais, vous verrez à chaque pêche... une tache,
une piqûre. Eh bien, ce que vous appelez le
demi-monde est justement le panier des pêches à
quinze sous. »

Ainsi parle, ou peu s'en faut, à son ami le capitaine de Nanjac, M. Olivier de Jalin, et, s'il vous plaît, M. de Jalin et M. de Nanjac seront les deux héros de cette étonnante comédie, dont la baronne d'Ange et Mme de Santis sont les deux héroïnes. M. de Nanjac et un jeune homme ignorant des perfidies et des dangers dont la jeunesse est entourée. Il s'est battu longtemps en Afrique, et l'on sait généralement, par les romans, par les vaudevilles, et par les histoires militaires qui se fabriquent incessamment dans le pays de Jugurtha, que l'Afrique est un véritable séminaire de Grandissons, de Saint-Preux, d'Abélards (avant la lettre), et de tout ce qu'il y a de plus exquis, de plus sentimental, de plus ingénu, de plus charmant. M. de Nanjac ne sait pas encore (il l'apprendra plus tard à ses dépens) que le grand secret de la vie est tout simplement un peu de lenteur; la lenteur est l'amie intime de la prudence; au contraire, M. de Nanjac est au premier rang de ces imprudents qui s'en vont par les sentiers les plus dangereux le cœur sur la main, et prenne mon cœur qui le voudra prendre! Hélas! à tout âge on en voit de ces imprudents qui se déchirent à toutes les ronces du chemin. M. de Nanjac, à trente ans, devient amoureux d'une femme qui en a vingt-huit, et dont il sait à peine le nom, une de ces femmes dangereuses qui font à volonté, du premier venu, un Lovelace ou un Werther : tel Marc Antoine, à cinquante ans, se tue aux pieds d'une reine qui en avait cinquante-deux.

Quant à M. Olivier de Jalin, c'est le Philinte et le bel esprit de notre comédie! « O Jupiter! disait un ancien, accorde-moi les richesses de Simonide, l'honneur de Périandre et les plaisirs d'Épicure! » On dirait que M. de Jalin a fait cette prière dès son jeune âge et qu'il a été exaucé. Il n'est plus très-riche, mais, après avoir payé son tribut aux premières folies de la première jeunesse, il s'est *rangé*, ou, comme on dit en bon anglais, il a mis sa dépense dans un bon ancrage; homme étrange, en fin de compte : il méprise l'adultère, et il passe sa vie au milieu de tous les amours défendus; il a honte de la mauvaise compagnie, et il ne voit que celle-là ; les courtisanes lui font peur... il s'est laissé prendre aux filets de Mme la baronne d'Ange ! Il honore autant qu'il les faut honorer les bonnes maisons de Paris, et il épouse, heureux comme un roi, une aimable jeune fille alliée à une gourgandine de haut étage! Néanmoins cet homme-là, dans la nouvelle comédie, a tant d'esprit, de courage imprévu, de grâce, avec un certain sel de sagesse et un grand air de bonne humeur, que c'est à peine si l'on découvre au dénoûment combien sa conduite est un démenti donné à sa prudence !

En ce moment (au premier acte), M. de Jalin est aussi heureux que peut l'être un homme jeune, honoré, prudent, courant le monde équivoque, amoureux d'une belle dame en grand costume, et jolie, et bien faite, qui se connaît en belles robes, en poëmes, en chapeaux et en tendres sentiments. Cette dame est encore un mystère, même pour M. de Jalin, qui n'a plus rien à lui demander. Elle est belle, elle est jeune, elle a toutes les apparences d'une femme bien élevée, certainement *l'Amour éternua à sa naissance,* et par-dessus le marché elle est veuve, enfin toutes les conditions d'une jolie et élégante position. Ajoutez qu'elle est baronne, et justement notre baronne revient des eaux de Spa, rajeunie et rafraîchie, et si contente, avec une inclination toute nouvelle pour le mariage. Elle entre donc chez M. de Jalin, son amant, la tête haute, et tout de suite, abordant la question : « Voulez-vous, lui dit-elle, me donner votre main et votre nom ? » A cette question à brûle-pourpoint, M. de Jalin répond : « Non ! » et sans hésiter. A ce *non*-là s'attendait la dame, et tout de suite aussi *elle rompt la paille!* « Rompras-tu ? » Elle ne dit même pas : Rompras-tu ? C'en est fait, tout est brisé de part et d'autre, et lestement brisé. Quoi d'étonnant ? « Sardanapale, fils d'Anakyndarax, bâtit Audigale et Tase en un seul jour... et maintenant il est mort. »

Cependant la baronne d'Ange, avant de quitter M. de Jalin, lui adresse une ou deux questions que l'on ne fait pas d'ordinaire à un homme d'honneur. « Serez-vous désormais un ami pour moi, qui fus votre maîtresse, et puis-je compter sur votre discrétion ? » La question est maladroite ; elle indique une femme un peu plus inquiète qu'elle ne voudrait le paraître, et M. de Jalin devrait être en quelque méfiance, lorsqu'il promet à la baronne amitié et discrétion. Elle alors, elle s'en va par la porte à deux battants, sans même se souvenir que naguère elle passait par la porte obscure et complaisante, la porte des songes, la porte d'ivoire, la porte dérobée, et justement, sur ce seuil autrefois témoin des plus tendres adieux,..

« à demain ! » la dame se rencontre avec un nouvel amoureux, M. de Nanjac. La dame salue et s'en va. Restés seuls (la scène est bien faite), les deux jeunes gens déjà se regardent d'un très-mauvais œil. On entend dans chaque parole une sourde colère, et justement M. de Nanjac est venu pour arranger les conditions d'un duel entre un sien ami, M. de Latour, et un ami de M. de Jalin. La jalousie et le malaise du jeune officier percent dans chacune de ses paroles, brillent dans chacun de ses regards, pendant que M. de Jalin, calme à la surface, irrité au fond de l'âme, envoie et renvoie à chaque trait un trait qui rende à cet ennemi improvisé blessure pour blessure. Enfin tout va se gâter ; encore un mot, et ces messieurs se battent pour leur propre compte, lorsque, à une observation très-juste et très-nette de M. de Jalin, M. de Nanjac, répondant avec une courtoisie inattendue, explique à son adversaire les paroles malsonnantes qu'il a prononcées. « En effet, dit-il, je m'oublie, et je suis jaloux. Un jour de l'été dernier (c'est une dangereuse saison, l'été, et le printemps aussi, mais c'est la faute du soleil), j'ai rencontré à Spa même, où elle brillait entre toutes les femmes par son esprit, sa modestie et sa beauté, Mme d'Ange, et soudain je me suis senti pris pour cette femme-là d'un amour invincible. Elle ne m'a pas repoussé ; au contraire, elle m'encourage. Et maintenant jugez de mon inquiétude et de mon chagrin en rencontrant chez vous, chez un garçon, la femme que j'aime ! Ainsi, Monsieur, tirez-moi de peine. Aimez-vous Mme d'Ange ? en êtes-vous aimé ? Répondez-moi ! »

Telle est la question : car tous ces gens-là font, ce me semble, des questions imprudentes. A coup sûr, M. de Nanjac est un inconnu pour M. de Jalin, et véritablement M. de Jalin serait un malhonnête homme s'il allait dire au premier venu qui l'interroge : « En effet, j'étais, hier encore, au grand mieux avec Mme d'Ange ! » On ne dit pas ces choses-là quand on sait vivre, et surtout quand l'ancien feu est éteint ! A plus forte raison si l'homme qui vous interroge est un inconnu, que dis-je ? une espèce d'ennemi à qui l'on n'a même pas accordé cette confiance banale qui s'accorde assez volontiers aux gens que l'on connaît le moins sur les événements de tous les jours.

Ainsi M. de Jalin, en vrai jésuite, mais un jésuite honnête homme, répond à M. de Nanjac qu'il est *l'ami* de Mme d'Ange, et qu'il n'est rien de plus, rien de moins. De cette déclaration notre officier est si content qu'il ne songe plus guère au duel qu'il venait engager pour M. de Latour. « La Tour d'Auvergne ? dit-il à M. de Jalin. — Je crois plutôt que c'est Latour-*prends garde* », répond M. de Jalin. Ce Latour est en effet un chevalier du jeu de Bourse et du jeu de lansquenet, un pleutre, un pamphlétaire, un coquin ; il ne sait ce que c'est que payer ses dettes de jeu, non plus que ses autres dettes. C'était vraiment trop d'honneur que faisait M. de Nanjac à ce vaurien de lui servir de témoin dans un duel !

Tel est le premier acte ; il est très-joli, très-vivant, et nous fait entrer de plain-pied dans le *demi-monde*... Notre auteur appelle ainsi ce monde à part, aux horizons ténébreux, qui n'est plus le monde des honnêtes gens, et qui n'est pas encore le monde abominable, au niveau de toutes les corruptions et de toutes les fanges. Il ne s'agit pas ici de la dame aux camélias, qui exerce, à tout prendre, une profession acceptée par les mœurs (les mauvaises mœurs) et reconnue par les lois, par les lois impuissantes contre certains désordres qu'elles tolèrent forcément; il ne s'agit plus de Diane de Lys, une grande dame du plus grand monde, qui reste au moins dans sa sphère, et qui meurt (heureusement pour elle, la pauvre femme) au moment où elle en va sortir; il s'agit de la femme mariée, mais de la femme adultère à peine échappée au toit conjugal, et s'abandonnant en aveugle au hennissement heureux des faciles amours.

Cette femme-là, dans ce demi-monde où elle est reine, est déjà tombée assez bas, qui le nie? elle a cependant encore bien des degrés à descendre avant de toucher aux dernières limites de l'avilissement. Elle n'appartient plus au monde d'en haut... elle n'appartient pas encore au monde d'en bas; à la rigueur, elle est encore Mme *une telle,* elle n'est pas la fille *une telle;* on lui parle encore avec une certaine déférence, on l'aborde le chapeau bas, on se souvient de l'avoir vue autrefois en bon lieu ; même de temps à autre elle relève la tête et elle dit : *une femme comme moi!* Ainsi est faite la nouvelle venue en ces paradis du sans gêne et de la révolte, Mme de Santis. Elle est bien née, elle était la femme légitime d'un galant homme, elle portait un beau nom, elle tenait au meilleur monde, et maintenant la voilà, fière de sa liberté conquise et confiante en son impunité, qui se confie au *demi-monde,* en attendant qu'elle tombe en quelque monde infime ! Elle aurait honte, cette Mme de Santis, d'accepter l'amitié des demoiselles errantes du quartier Bréda, mais elle accepte avec empressement la protection de Mme la baronne d'Ange et de Mme la comtesse de Vernières. « La première femme qui s'est enfuie hors de sa maison, nous dit encore M. de Jalin, cacha sa honte au fond d'un bois; la seconde aussitôt se mit à la recherche de la première : quand elles furent trois, elles dînèrent ensemble ; dès qu'elles furent quatre, elles dansèrent une contredanse ! » Ainsi s'est formé le demi-monde ; il s'est formé un limon du monde honnête et de la fange du monde inférieur à tout les autres mondes. Au demeurant, elle est bien légère et souvent imperceptible la limite qui sépare le demi-monde de l'abîme définitif ! Là et là, ce sont toujours des femmes de l'autre monde ; là et là, nous entendons les mêmes chansons : « Aimez ! dînez ! vivez ! et tenez d'une main ferme les rênes du char de l'amour ! » Là et là enfin le rêve est le même : obéir sans pitié à toutes les passions défendues, désobéir impunément à toutes les lois divines et humaines, atteler quatre rois à son char, comme faisait ce roi d'Égypte ; aller où vous poussent incessamment le caprice d'abord, la nécessité plus tard, et de la dette à l'emprunt, et de la ruine à la honte, et de la mendicité à l'hôpital, pas de trêve et pas de repos ! Ainsi finit le demi-monde, aussi bien et plus vite même que le fameux treizième arrondissement, où s'apprennent de bonne heure les arts, les secrets, les perfections de la profession galante ! Il faut vraiment être un jeune homme revenu des illusions d'ici-bas pour rencontrer tant et tant de nuances entre le monde à marier et le monde démarié ; nos anciens maîtres moralistes, Molière, La Bruyère et La Rochefoucauld, n'en savaient pas si long que cela.

Cette Mme de Santis... en vingt-quatre heures, elle a dépouillé sa robe nuptiale; elle n'a rien gardé des anciennes leçons; elle a pris en vingt minutes le froc brodé et licencieux de sa nouvelle paroisse; en un quart d'heure, elle a franchi tous les degrés de son nouveau noviciat. Écoutez-la et voyez comme elle se dépouille à l'amiable de tous les remparts qui la séparaient encore de Mme d'Ange et de Mme de Vernières! Elle n'a plus de honte, elle n'a pas de remords, elle ne parle plus le même langage; sa voix n'a plus le même accent; ô honte! elle a mis le rouge à sa joue et à ses yeux le noir des plus provocantes courtisanes! « Voyez mes sourcils noircis et tournés en demi-rond avec une aiguille à relever les cheveux! » Ainsi parle une affranchie au festin de Trimalcion! Mais, dieux du ciel! que nous voilà loin, avec tous ces médicaments de la face et ces vils artifices, de la déesse athénienne dans une ode de Callimaque: « Avant d'affronter les regards du berger Pâris, la divine Pallas n'a consulté ni le métal poli, ni la glace des eaux; elle n'eut pas d'autre secret pour se donner les belles couleurs de la jeunesse que de courir à travers la campagne fleurie, à la façon des filles de Lacédémone, lorsqu'elles s'exercent à la course sur les bords de l'Eurotas ! »

Tout cela, dans notre comédie, est très-vif, très-animé et très-bien dit, avec le geste, avec l'accent vrai de la chose ; et si vous saviez à quel point l'auditoire attentif est occupé de ces détails, de ces découvertes, de ces révélations ! Le second acte, en effet, se passe au beau milieu du demi-salon de Mme de Vernières. Il faut le voir, ce demi-salon ! les meubles mentent, les glaces se parjurent, les lampes fument, les tapis trahissent, cela exhale on ne sait quelle honteuse fumée où le bruit des tricheries au jeu se mêle au parfum des vieux bouquets achetés à crédit chez les revendeuses de l'Opéra ! Évidemment ces tristes fleurs ont été déjà prostituées aux pieds des danseuses ; ces cartes sales ont servi aux faiseurs de biographies ; ces bougies inertes ont éclairé des plafonds obscènes ; tout boite ici, tout jure et tout est faux. Le piano même est en désaccord avec la voix qu'il accompagne ; et cependant ces demi-dames, ces quarts de baronnes, ces parcelles de comtesses, ce rebut des femmes comme il faut, déshonorées tout à fait et courtisanes à demi, parodient le langage et la conversation des vieux et nobles salons bien étoffés et doucement éclairés, pendant que la causerie intime s'en va çà et là, à la façon de l'abeille matinale. O murmures, qui savez dire tant de choses ! ô grâces éloquentes, même dans votre sourire! Dans le demi-monde, au contraire, vous n'entendez qu'un affreux papotage, voisin de l'argot! Ici les allusions suspectes, les mots à double sens, la plaisanterie équivoque dans le geste, le mensonge, la perfidie à chaque parole, et, pour comble, un immense ennui mêlé à cette immense misère, et ces mortifications inconnues qui blessent ces malheureuses déclassées dans leur dernière vanité, notez bien que je n'ai pas dit dans leur dernier orgueil.

Ce second acte est excellent. Tout notre monde s'y rencontre, et d'une façon assez plausible. M. de Nanjac y retrouve la baronne d'Ange, M. de Jalin y retrouve une innocente créature perdue en ce taudis de la honte et de l'abandon, Mlle Marcelle de Vernières; Mme de Santis elle-même y retrouve son mari, M. Hippolyte Richaud. Elle comptait sur ce mari, cette idiote, elle comptait sur tant d'amour qu'il lui témoignait naguère, la triple sotte; elle se disait qu'une fois à bout d'aventures, elle retrouverait le toit conjugal : elles se figurent, en effet, ces mégères de vingt-cinq ans, que leur mari ne saurait se passer d'elles, et quand, lui revenant vieilles, flétries et dégradées, elle trouvent que sa porte est fermée et que son cœur est mort, elles s'étonnent! Comment donc! je l'ai trahi, je l'ai déshonoré, j'ai traîné son nom dans mes fanges, j'ai épouvanté le demi-monde de mes vices du grand monde, et mon mari ne veut plus de moi !

Voilà par quels détails, pris dans le vif du sujet, cette comédie est excellente. Elle manque de jeunesse, à coup sûr ; elle manque de poésie, et voilà déjà, jeune homme, que le chat Mûre te montre ses griffes, que le chien Berganza te montre les dents ; mais cette comédie est crânement faite ; elle est nette, froide et tranchante comme un coup de couteau ; elle ne délie pas, elle coupe ; elle n'est pas gaie, et souvent elle est horriblement triste...; elle est vraie, et elle vous tient attentif comme on le serait au récit de sa propre bonne fortune que vous raconterait quelque intelligente bohémienne à la lèvre de pourpre, aux yeux noirs. Notez bien qu'au milieu de ces froids regards jetés sur les deux mondes, que disons-nous ? sur les trois mondes parisiens, le drame arrive et va son train. Le drame, vous savez déjà qu'il consiste à nous montrer comment un galant homme, à force de faiblesse et de trahison, peut venir à bout d'épouser une infâme. Hélas ! cela s'est vu de nos jours ! De nos jours, nous les avons comptées, ces unions misérables et malheureusement trop célèbres où la honte et l'abjection servent de témoins à la faiblesse et aux tardives passions. « L'amour est comme la petite-vérole, disait le comte de Bussy :

plus il prend tard, et plus il est dangereux ! » Mais est-il donc besoin de vous les montrer du doigt, ces malheureuses parvenues du vice, et faut-il donc vous dire ces noms souillés que le mariage semble souiller encore, et qui ont laissé une tache ineffaçable sur les murailles de nos mairies ? Cette comédie du *Demi-Monde* est le produit de ces mariages de la borne et du salon, du gentilhomme et de la fille vénale. Elle existe en effet, cette comtesse d'Ange ! Après avoir traîné dans ses gémonies un malheureux qui l'aimait, elle l'a traîné jusqu'à l'autel, et il l'eût épousée en lui demandant pardon de faire si peu pour elle, si cette fille eût exigé ce dernier avilissement ! Nous l'avons vu, naguère encore la ville entière s'est inquiétée d'un mariage à peu près semblable à celui là; elle a entendu les sanglots et les gémissements d'une famille au désespoir; et, tout insensible que peut être une pareille cité à de semblables douleurs, elle les a partagées. « Dieu maudisse tes yeux ! » est un proverbe anglais que Paris tout entier disait à cette infante, étendue en son oisiveté, et daignant à peine effleurer d'une main distraite le beau visage de cet indigne héritier d'un si beau nom et d'une si grande fortune. « Damnés soient mes yeux ! Mais la bourse et l'honneur ? » répond la dame... Heureusement elle n'a pris que la fortune, elle a dédaigné de prendre l'honneur.

Certes, l'action qui s'engage entre Mme d'Ange et M. de Nanjac est une action terrible et plus digne d'un mélodrame de la Porte-Saint-Martin que d'une comédie au Gymnase. Il y a dans cette femme un peu de la lâcheté de Bertrand, mais beaucoup de l'énergie et du talent de Robert Macaire. Cette femme est un bandit; elle appartenait au dernier monde au dernier cercle, elle est montée au premier rang du demi-monde; elle est baronne, elle hante les princesses errantes, et plus d'une comtesse lui dit *ma chère!* en la tutoyant; c'est pourquoi à cette heure cette femme insolente, oubliant qu'elle s'est vendue à un vieillard, ne veut plus habiter ce demi-monde où elle était si fière et si contente d'être montée; elle y renonce, elle veut qu'on l'épouse en justes noces, et elle rejette de son front d'airain son diadème usé sur tous les fronts prostitués. En un mot, Mme d'Ange aspire à monter définitivement au rang des femmes honorées: voilà son rêve, et voilà la tâche qu'elle s'est imposée; et, comme elle sait bien que M. de Jalin l'a devinée et n'épousera jamais une baronne de son espèce, elle s'adresse à M. de Nanjac; et par l'audace, et par la naïveté, et par l'abaissement, et par l'orgueil, et par les refus, par l'abandon, par tous les grands ornements du corps, par toutes les commotions de l'esprit, elle enguirlande à ce point ce malheureux jeune homme qu'il ne voit plus que par les yeux de cette femme; elle le tient, elle le sait par cœur! Elle l'amène à ceci que, trompé par elle et grossièrement trompé par des artifices qui sauteraient aux yeux d'un enfant, un faux acte de mariage, un faux acte de naissance, un extrait mortuaire volé à l'état civil, ce malheureux M. de Nanjac, qui n'est pas un sot, qui n'est pas un niais, qui est brave, hardi, et inflexible sur le point d'honneur, finit par lui dire : « Eh bien, soit! je t'épouse et tu seras ma femme! » Tant il est vrai, comme disait Mlle de Lespinasse à d'Alembert, « qu'une huître même, une huître peut être malheureuse en amour! »

Cependant, quand il voit sérieusement que cette affaire d'amour s'engage entre Mme d'Ange et M. de Nanjac, M. de Jalin éprouve en lui-même un grand trouble. Il ne veut pas, et bien certainement il ne doit pas être le complice de cette union abominable, et, poussé par ses bons instincts, il s'en va droit à ce jeune homme qui se lance à corps perdu dans ce monde honteux. — « Prenez garde! lui dit-il, on n'épouse pas une veuve équivoque, et l'homme qui donnerait sa main à Mme d'Ange se dégraderait lui-même! Autre chose est d'être amoureux, autre chose est d'épouser! » C'est bien dit cela, mais parlez donc à un sourd ! montrez l'abîme à un aveugle ! Mme d'Ange a réponse à tout chose : « M. de Jalin m'accuse, il est amoureux de moi ! Il vous dit que je suis une veuve à plusieurs maris qui sont tous vivants... Voici mon contrat de mariage ! Enfin, vous me rapportez des lettres écrites par moi à M. de Jalin... Voici mon écriture... et comparez..... » Ces lettres, en effet, si Mme d'Ange les a dictées, sont écrites par Mme de Santis ! Mme d'Ange est trop habile pour écrire une lettre qui la compromette ! Ainsi M. de Jalin, aux yeux de M. Nanjac, n'est guère moins qu'un lâche et un imposteur.

Ainsi battu par cette héroïne du mensonge, et bien malheureux d'une honte qui n'est pas la sienne, M. de Jalin s'ingénie à briser les négoces de cette infâme et à sauver M. de Nanjac malgré lui. « Est-ce donc que je puis abandonner cet homme que j'ai déjà sauvé une fois ? » se dit-il. Mais comment faire ? La dame en sait long ; elle est sur ses gardes, elle a avoué... tout ce qu'elle ne pouvait cacher. Surprise à écrire un billet compromettant à son premier *protecteur*, M. le duc de Thonnerins, peu s'en est fallu que sa barque, en ce moment, ne sombrât ; mais elle s'est tirée d'affaire avec le génie infernal de l'ancienne marquise des *Liaisons dangereuses,* qui a laissé tant de disciples dignes d'elle; enfin tout est perdu si cette femme ose aller jusqu'au bout!... Eh bien (voilà la Providence!), elle n'ose pas prouver par cet exemple jusqu'où peut aller la lâcheté d'un homme amoureux, et au dernier moment, quand elle vient à songer que M. de Nanjac peut lui manquer, elle songe à M. de Jalin comme à un pis aller. « Si je n'épouse pas celui-ci, se dit-elle, à coup sûr j'épouserai celui-là. » Excellent raisonnement, pardieu! Mais l'événement était dangereux! Que de coquettes et de bons capitaines se sont perdus par trop de précautions!

Dans ce quatrième acte, où l'action se noue et se dénoue, il y a une faute : je veux parler de cette lettre anonyme que fait écrire par Mme de Santis Mme d'Ange à une honnête femme que ces dames veulent compromettre afin de chagriner M. de Jalin. D'abord la chose est obscure, ensuite elle est inutile, enfin elle est si complétement odieuse que ces dames peuvent très-bien se passer, pour être infâmes, de ce crime nouveau. Je sais bien que ce contre-temps amène une provocation terrible de M. de Nanjac à M. de Jalin; mais le duel aurait bien lieu sans cette femme inutilement compromise et sans cette lettre anonyme dont il faut laisser les honneurs aux pamphlétaires de profession. Cependant les voilà en présence et les armes à la main, M. de Nanjac et M. de Jalin, M. de Nanjac parce qu'il est aveugle, et M. de Jalin pour avoir dit à contre-temps une dangereuse vérité.

Ici, quel que soit l'effet de ce duel au cinquième acte, nous engageons bien sincèrement cet éloquent et ingénieux esprit à ne pas abuser du duel dans ses comédies et dans ses drames. Le moyen est violent, il déplaît aux sages esprits, il ne prouve absolument ni la vérité de l'affront, ni la justice de la réparation; il est usé autant que les mauvais drames de 1830 et années suivantes; enfin il fait, comme on dit, plus de bruit que de besogne. Ajoutez qu'il y a un duel dans *la Dame aux Camélias,* qu'il est parlé de duel pendant deux actes dans *Diane de Lys,* et que voilà le troisième duel dans *le Demi-Monde.* On peut bien faire de la société moderne une caverne, il ne faut pas encore en faire un coupe-gorge! Toujours est-il que M. de Jalin et M. de Nanjac se battent pour et contre la vertu de Mme d'Ange, et pendant qu'ils sont aux mains la courtisane attend que celui-ci succombe afin d'épouser celui-là. Nulle angoisse et nulle gêne; elle est belle joueuse, elle a garde à carreau : que lui importent M. de Nanjac ou M. de Jalin?

Cependant, à côté de cette Parque à marier,

avez-vous remarqué la jeune fille du second acte, Mlle de Vernières? Elle est née au beau milieu du demi-monde. Bien jeune encore, elle en avait pris le langage et les allures, et sa bonne tante, la comtesse, ne demandait pas mieux que de lui apprendre à pêcher en eau trouble; mais le bon naturel de cette aimable enfant l'arrache à ces abîmes et la sauve de ces embûches. Elle aime en secret M. de Jalin, et, le voyant qui lui fait honte de se nourrir du miel distillé par ces abeilles d'une ruche avilie, elle renonce à sa tante, au *demi-monde*, aux falbalas, aux dentelles. C'en en fait, elle ne veut pas être une parasite en quête d'un mariage impossible, et elle s'en va, en qualité d'institutrice, à Besançon, oui, à Besançon! tant elle est corrigée et tant elle est décidée à ne pas ressembler au pourceau de Pyrrhus, qui mange sa glandée au milieu de la tempête et des flots en courroux.

Or, en récompense de sa bonne volonté, M. de Jalin épouse cette fillette enlevée au désordre. Ceci est vraiment bien agir. Cependant, tel qu'il est et tel que nous connaissons M. de Jalin, nous lui avions choisi pour femme une autre femme que Mlle Marcelle de Vernières. Si elle n'est pas compromise tout à fait, elle a été bien près de se perdre. Elle vivait dans ce monde à part où l'on se figure pour tout catéchisme que les mouches ont été créées uniquement pour nourrir les hirondelles ; elle était l'amie et la compagne de Mme d'Ange ; elle vivait familièrement avec Mme de Santis ; elle assistait à des lansquenets de contrebande joués par des joueurs de pacotille ; elle vivait au hasard et du hasard ; enfin elle est la nièce (et c'est tout dire) de Mme de Vernières, qui tiendra une table d'hôte et de bouillotte avant peu. C'est donc un assez mauvais mariage que fait là M. de Jalin : or nous aimons M. de Jalin ; il est honnête homme : il parle avec grâce la langue des hommes bien élevés ; il parle spirituellement toujours, naturellement assez souvent ; il est brave, il est gai, et même, au péril de sa vie, il empêche M. de Nanjac d'accomplir la plus mauvaise action qu'un galant homme puisse accomplir.

Mais quoi ! le succès répond à toute objection, et le succès a été sans réplique. On a vu rarement un public plus enchanté d'un spectacle ; il n'y a pas jusqu'au dénoûment de ce drame heureux qui ne soit tout ensemble une surprise, une épouvante, une joie ; enfin rien ne lui manque, et tant de verve et tant d'observation, tant de malice et tant d'esprit argent comptant ! *Ingenium in numerato*

Que devient cependant la vraie héroïne de ce drame, Mme de Santis ? Elle disparaît trop vite ;

elle s'en va perdue et pas assez châtiée. Il est vrai que le châtiment viendra plus tard, car la dame enlève ce fameux Latour, *prends garde!* Il a fait un trou à la lune, ce Latour, et par le trou de cette lune il s'en va en Angleterre avec Mme de Santis. « Écrivez-moi poste restante, dit-elle à Mme d'Ange, et mettez sur votre lettre : *A Mademoiselle Rose...* en attendant mieux. »

Maintenant cherchez-vous la morale en tout ceci? La morale est çà et là répandue, elle est oubliée dans le résumé de l'œuvre. Quant à la conclusion dernière (il y en a de plusieurs sortes), la conclusion du *Demi-Monde* est aussi difficile à trouver que la conclusion de *Diane de Lys*. Voyez en effet ce qui arrive aux divers personnages de *Diane de Lys!* Le mari légitime de Diane est trompé par sa femme ; le jeune artiste, non marié, est aimé par une fillette; mais la fillette est trop bête, et bonsoir la compagnie! En revanche, un rapin de l'endroit vit en quasi-mariage avec une horrible couturière, et ce quasi-mariage est un enfer. Reste enfin l'amour de l'artiste avec la dame mariée... On le tue... et, ceci fait, l'auteur oublie de nous dire à quel saint il faut se vouer en fait d'amour.

Essayez donc aussi de tirer une conclusion des amours de Mme d'Ange et de M. de Nanjac, de

Mlle Marcelle et de M. de Jalin, de Mme de Santis et de M. Latour; car vous n'allez pas dire ici que *le Demi-Monde* est destiné à prouver tout bonnement qu'un galant homme ne doit pas épouser une femme perdue : on ne démontre pas en cinq actes de si banales vérités.

Ce qu'il a voulu prouver, ce jeune homme, et ce qu'il démontre en effet avec une verve, une haine, une rage, un esprit, une malice, un bonheur incroyables, c'est qu'il sait à merveille et qu'il sait à fond ce petit, ce honteux, ce malheureux recoin de la société qu'il étudie, et que pas un homme avant lui n'avait touché avec tant de joie et d'abondance à ces pleurs, à ces larmes, à ces passions, à ces douleurs, à ce monde en deçà et au delà de tous les mondes connus. Voilà ce qu'il voulait démontrer, voilà ce qu'il a démontré victorieusement dans ces trois grands ouvrages, *la Dame aux Camélias, Diane de Lys* et *le Demi-Monde*, composés avec un art exquis, écrits avec une grâce parfaite, et tous les trois remplis d'ardeur, de zèle et de talent. Où il a pris toutes ces histoires, comment il a trouvé tous ces mystères, à quelle école il a appris l'art du dialogue, par quel bonheur il s'est trouvé un beau matin ce don merveilleux de l'invention, de la parole et du bel esprit, nul ne saurait le dire. Il n'a pas eu de maître,

il n'a suivi l'exemple de personne; il n'appartient
à aucune école; il est lui-même, il n'est pas un
autre homme; il méprise (on le voit à chaque instant) l'emphase inutile, la redondance qui ne dit
rien, le mot creux, l'à peu près, le boursouflé, le
cliquetis, le mot qui porte à faux, le débraillé!
Mais aussi quelle fête et quel succès! quelle ardeur à voir, à entendre, à deviner! Comme on est
attentif, ému, charmé, heureux, content! Il faut
dire aussi que voilà une pièce jouée avec toutes les
conditions de la bonne et honnête comédie : ils
sont là dedans trois ou quatre comédiens ex-
cellents, animés à bien faire et d'une intelligence
exquise. Dupuis, c'est la grâce et la jeunesse en
personne; il parle, il cause, il sourit, il se fâche,
il se moque, et vous oubliez que c'est là un comé-
médien qui joue un rôle. Berton, dans un rôle
moins sympathique et moins heureux, tient tête à
cette couleuvre qu'on appelle Mme d'Ange, et cette
couleuvre n'est rien moins (qui l'eût dit? qui le
croirait?) que Mme Rose Chéri elle-même! Enfin,
enfin, la voilà retrouvée! Il y avait tantôt dix ans
(depuis *Clarisse Harlowe*) que cette aimable
femme avait oublié les vrais sentiers; elle s'était
égarée et perdue, et maintenant elle revient à son
œuvre, et jamais, que je sache, en ses plus beaux
jours, elle n'a mieux représenté, et plus compléte-

ment, un personnage mieux dessiné et plus complet. Ah! la terrible femme, elle oublie en un clin d'œil tant de rôles chastes, langoureux et timides,

> Où, jusqu'à *Je vous hais,* tout se dit tendrement!...

Et la voilà, semblable à lady Tartuffe, aussi terrible et non moins pénétrante. En un mot, on ne saurait dire à quel point Mme Rose Chéri, dans ce rôle, a poussé l'art de montrer une vilaine âme sous de beaux dehors.

Ceci dit, en voilà pour bien longtemps! Mme d'Ange va lutter de popularité avec *la Dame aux Camélias,* de poétique mémoire. Celle-ci semble dire à celle-là : « Donnons-nous la main, ma terrible sœur, et vivons tout ce que peuvent vivre, en un poëme représenté par des mortels, la grâce, la pitié, la beauté, le crime, la vengeance et la terreur. »

AUGUSTE VACQUERIE

SOUVENT HOMME VARIE

J'EN tiens une de ces comédies... toute en soie, en gaze, en broderie, en vent tissu, en frangipane, en dentelles, en guipure, en jupe brodée, en jupon court... On s'y frotte, on s'y pique! on n'y voit que sourires, espiègleries, mièvreries, soleil levant, riant et clair : on s'y chauffe! Esprit, bonne humeur, bonne grâce et gentillesse, et toutes sortes de chansons, chanson galante et chanson comique, et musette, et gavotte, et menuet; seulement le poëte ne va pas jusqu'aux bouffonneries des bouffons malséants, aux gaudrioles de la gaudriolerie extra-comique. M. Vacquerie a passé par les sentiers d'aubépine, il a frôlé *les Orientales*, *Ruy Blas* et *les Contemplations;* il a le fumet de ces printemps.

Tel qu'Alfred de Musset jeune homme, à l'heure heureuse et contente où il était *lui*, lui-même, et tout seul (c'était assez!), inventait pour son plaisir mille adorables mignardises, attifant son monde à la vénitienne et promenant ses amoureux des deux sexes dans un paysage enchanté par Watteau, tel M. Vacquerie, en son retour des pays lointains, nous montre au beau milieu des jardins de sa fantaisie un jeune homme appelé Beppo, un Sbrigani nommé Troppa, une Zerbinette enrubannée (elle est marquise), une Agnès en fanfreluches appelée Lilia. Les voilà tous les quatre, heureux à l'ombre d'un Marly florentin et roucoulant sous le soleil d'un Trianon génois. La marquise a vingt ans; elle est veuve et libre; elle avoue à plaisir que rien ne lui plaît tant que son miroir, que, si l'amour lui semble une idée heureuse, elle en veut faire un jouet, un sourire, une chanson. Donc, passez votre chemin, seigneur Beppo, on ne vous fera pas même l'aumône ou le crédit d'un sourire; encore êtes-vous heureux que l'on vous permette, au bruit agaçant de ces souliers neufs, de nous suivre en nos sillons lumineux.

A quoi Beppo, qui ne sait pas attendre (il est dans son droit, il a vingt ans : on n'attend pas à ce bel âge) : « O dame ingrate et souveraine injuste de ma pensée! ô cruelle! ô perfide! » Et tout ce qui se chante à ces cœurs superbes :

> Si vous vouliez m'aider, rien qu'un peu seulement,
> J'éveillerais en vous le divin sentiment;
> Mais vous semblez haïr l'amour. O Fidéline !
> Quand les beaux soirs de juin parfument la colline
> Et qu'on voit sur le lac les étoiles trembler,
> Ne sentez-vous donc pas votre cœur se troubler?
> Le vent parle d'amour en un ravissant style.
> C'est donc bien amusant, dites, d'être inutile,
> D'être la coupe où nul ne boira, le repas
> Sans convive, la fleur qu'on ne respire pas?
> C'est donc bien beau d'avoir vingt ans, le charme rare,
> L'esprit, tout le bonheur d'un homme, et d'être avare?
> C'est donc bien grand et bien charmant, en vérité,
> L'égoïsme du cœur?

.....Telle est sa complainte. « Et c'est tout à fait comme si vous chantiez, seigneur Beppo, » dit la dame en dessinant sa plus belle révérence... Et la voilà qui s'en va sur un pied, le plus joli de ses deux pieds! Ainsi marche au-dessus du gazon vert le présent mois de mai, couronné de primevères et d'iris.

Mais Beppo : « Par tous les dieux d'Ovide et d'Arioste, et par tous les sonnets de Pétrarque et les élégies de Sapho, par tout ce qui palpite et songe entre Athènes et Tusculum, par tous les petits poëtes de l'amour, tu peux aller, Fidéline, à tes rendez-vous avec l'ombre, avec le nuage, avec

l'écho, avec le flot jaseur! Moi, je reste, et je cher‑
che en ton sentier d'inutile quelque amour qui m[e]
retienne et qui s'en vienne avec moi, le sourire [à]
la lèvre et son bras sur mon bras. » Voilà le proj[et]
de Beppo, voilà sa vengeance ; et, comme il se pro‑
mène au milieu des enchantements du conte d'Es‑
pagne et d'Italie, il rencontre à l'instant même un[e]
Agnès échappée aux contes de Boccace illustrés pa[r]
La Fontaine. « Allons! ton bras, voici ma main, »
dit-elle. Et, promenée autour du nid de Fidéline,
Agnès gazouille au beau jeune homme, et tant [et]
tant elle et lui ils ont gazouillé que Fidéline, à [la]
fin, s'en inquiète et fait appeler l'ami Troppa.

L'ami Troppa est un marquis petit-fils d'Arle‑
quin. A la façon dont il tient une épée, on vo[it]
qu'il a tenu la batte et la baguette aux enchante‑
ments. Il descend par les femmes de Coraline e[t es]prit follet, et ses domaines sont situés sur l'empla[‑]
cement de la foire de Saint-Germain. C'est lu[i,]
Troppa, pour se venger de Fidéline, qui prête [à]
Beppo, son ami, la petite Lilia. « Mais tu me [la]
rendras, dit-il. — Si je te la rendrai! » répon[d]
Beppo. Beppo même en ferait son billet si son am[i]
Troppa n'était pas sûr d'*elle* et de *lui*.

Et quand enfin ils ont tourné tous les quatre [en]
ce cercle aussi vicieux que charmant, quan[d]
Troppa s'est bien fâché contre Beppo, qui l[ui]

donne un coup d'épée... au premier sang; quand Fidéline en vain est revenue, et quand c'est la petite Lilia qui l'emporte, ami Troppa, que cela vous apprenne une autre fois à ne pas prêter votre amoureuse; et vous, Fidéline, apprenez aussi à ne pas renvoyer au lendemain ce qui peut se faire aujourd'hui. « Je l'excuse et le plains ! » C'est La Fontaine qui l'a dit.

Rien de moins, mais aussi vous avez en plus de la comédie une grâce, une élégance, une courtoisie et tant de raillerie et de bonne humeur ! Pensez donc si nous étions contents de rencontrer cette affable élégance, et ce sans-gêne, et ce bel esprit, dans ces voûtes matelassées du Théâtre-Français où tant de prose inerte et vide attriste, affadit et réduit à rien la comédie ! « Il est fou, disaient les vieux en parlant de M. Vacquerie; il est fou, il raille en farceur, il aime en écolier, il écrit en poëte, il se moque au nez des Athéniens, il ne fera jamais une seule de ces fameuses comédies en prose auxquelles s'arrêtent si volontiers les dames et les messieurs de la province, heureux de rencontrer à si bon marché le beau langage et les belles mœurs de chaque jour... Il est fou ! — Mais, Monsieur, disais-je à l'un de ces connaisseurs qu'amènent incessamment le chemin du Nord et le chemin du Midi, que pensez-vous de la poésie et des poëmes de Mme Deshoulières? — Monsieur, s'écriait l'homme au nez de rhinocéros, Mme Deshoulières, voilà ce qui s'appelle un poëte, et non pas vos faiseurs d'*Orientales* et de *Contemplations!* — Eh bien! Monsieur, repris-je en m'inclinant, permettez-moi de vous le dire à l'oreille et tout bas, cette comédie étincelante et fabuleuse... oui, Monsieur, cette comédie où vous n'avez trouvé ni bon sens ni grâce, et que vous siffleriez sur le théâtre du petit Carpentras; oui, Monsieur, cette comédie absurde, et bouffonne, et bête... oui, Monsieur... n'en dites rien, mais l'auteur de *l'Homme varie* est un plagiaire... Oui, Monsieur, il a pris sa pièce à Mme Deshoulières... — Bah! Monsieur? — C'est comme j'ai l'honneur de vous le dire... Écoutez les jolis vers que voici :

« Ah Dieu! qu'il est dangereux
De donner un pouvoir trop ample
Aux rivaux agissant pour eux...
J'en fournirais plus d'un exemple!
Si le pouvoir n'est limité,
Souvent trop d'autorité
Rend permis tout ce qu'on désire;
Contre soi-même on ne prend loi de rien,
Et l'auteur qui peut s'élire
Prononce rarement d'autre nom que le sien... »

A peine eus-je récité à ce mécontent ces trop jolis vers, mon homme aussitôt se mit à rire. Il triomphait de ce Vacquerie; il foulait aux pieds ces vers du nouveau style; il défiait la pléiade, à commencer par l'auteur des *Odes et Ballades* et par Joseph Delorme, de jamais écrire un vers pareil à celui-là :

> Contre soi-même on ne prend loi de rien!

En même temps, voyez-vous ce mal-appris, cet effronté, ce Vacquerie... un plagiaire! Il se gardera bien de convenir qu'il ait emprunté sa comédie!

> Et l'auteur qui peut s'élire...

L'aimable idée! et comme on faisait bien les vers en ce temps-là!

> Souvent l'homme varie,
> Bien folle est qui s'y fie.

Or la présente et très-heureuse comédie a réveillé Mlle Judith, qui dormait et qui n'a jamais été plus avenante et plus jolie! Elle a donné au jeune Delaunay une bonne occasion de bien réciter des vers charmants, sonores, pleins de la vie et du feu de la jeunesse; elle a montré Sbrigani, Got, veux-je dire, en tout son jour, très-alerte et vivement enfariné de la grâce italienne... Eh! oui, je sais bien, le tréteau, tant mieux pour le tréteau s'il a gardé l'entrain, le bruit, la joie et le petillement!

On n'entend plus un mot de ce que chante Mlle Dubois. C'est dommage, elle avait de jolis couplets à dire en cette aimable chanson.

Puis, la joie appelant la joie, on a vu le même soir apparaître, en son renouveau, la comédie à la Marivaux, la comédie où florissait le mieux Mlle Mars, *la Suite d'un Bal masqué.* Qu'elle était belle et souriante, et quels regards vifs, tendres, ingénieux ! Cette heureuse petite comédie, où tout abonde, où le sourire est de si bonne compagnie, où le talent est sincère, élégant, courtois, plaisait à Mlle Mars, comme un écho, le dernier écho des temps de sa jeunesse et de ses premières amours. Si Mlle Mars n'avait pas mis au jour cette aimable comédie, elle en était la marraine, elle y revenait sans cesse, elle la jouait de préférence en ces belles soirées où la belle foule obéissait au charme d'une scène bien faite et bien jouée. Aussi Mlle Mars, avec une bonne grâce infinie, venait en aide à l'humble fortune de Mme de Bawr le bel esprit, le ferme et curieux esprit qui résiste au temps qui passe, et qui reste encore aujourd'hui comme un témoignage de la politesse et des élégances du siècle passé.

C'est bien fait à la vaillante, active, infatigable Mme Arnould-Plessy, d'avoir accepté cette part charmante de l'héritage de Mlle Mars, et tout de suite, avec bénéfice d'inventaire, elle a trouvé sa récompense. En effet, voilà comme il faut être active et belle, intelligente et bien vêtue, attentive à la vie, à l'accent, à l'attrait du rôle; et voilà comme, avec beaucoup de grâce et beaucoup d'esprit, un esprit actif, curieux, patient même, on arrive à rendre à la douce lumière du jour ces chers petits chefs-d'œuvre! Et plus le public les croyait oubliés, plus il s'en souvient avec reconnaissance, avec plaisir... « C'est elle encore pourtant! »

BELOT ET VILLETARD

LE

TESTAMENT DE CÉSAR GIRODOT

Vous ajouterez, s'il vous plaît, le nom de César Girodot à la liste heureuse *des grands hommes morts en plaisantant,* sur l'air très-connu : « La mort n'est rien, c'est notre dernière heure ! » Il avait en effet, ce César Girodot, le petit mot pour rire, et sa bonne humeur a traversé même son triple cercueil. Nous disons *triple* en sa qualité de *riche à millions,* et certes ce n'est pas trop de deux enveloppes à qui laisse une somme un peu mieux que ronde, à savoir treize cent cinquante-trois mille francs... on nous fait grâce des centimes. Donc, il était riche et bon plaisant, ce qui vaut mieux, l'oncle César ! Il n'avait pas d'enfans, mais des neveux (ce qui ne vaut guère mieux), des neveux qui ne lui convenaient pas et des nièces qui ne lui convenaient guère. « L'homme ne me plaît pas, disait Hamlet, la femme non plus ! » L'oncle César était une espèce d'Hamlet bon vivant, et voilà ce qu'il chante en son testament :

« Je ne veux pas pour mon héritier ce tas de Girodot dont ma fortune et ma vieillesse ont été incessamment obsédées ! Le Girodot Isidore est un lâche, un envieux, un imbécile ; il a pour femme une femelle à Tartuffe, une illuminée, une vieille chatte pelée et laide à faire peur... Je ne veux pas de cette Isidore femelle, et je ne veux pas de monsieur leur fils, qui est un dissipateur de pièces de dix sous, un coureur de vieilles lorettes à prix fixe, enivré d'eau rougie, endetté de toutes sortes de vilaines petites dettes honteuses. Ce petit monsieur-là donnerait la gale à mon argent. Encore une fois, je ne veux pas de ce faquin blond ! Je veux que mon argent soit dépensé d'une main libérale, intelligente et superbe, avec joie, avec passion, non pas avec avarice et convoitise, en mauvaise compagnie, avec des sots et des libertins de bas étage. Ainsi pas d'Isidore, pas de femme Isidore et de petit Isidore ! Il y a bien tout près de mon cœur le savant Félix, Félix le décoré et le membre de l'Institut, et je ne serais pas fâché de lui faire un peu de bien... Mais ce Félix Girodot est si faible, indécis, endormi, ignorant de toutes les choses de l'argent! Il ne saura pas défendre ma fortune, il la laissera partir çà et là, et je n'aurai pas la joie innocente de laisser un riche après moi! Donc, ne pensons pas à ce savant qui rêve... Il y a aussi Langlumeau, le paysan, le rustique, un butor, un animal, un mécréant, un coquin pris de lèpre et d'avarice, un fléau du pauvre, un ennemi de son voisinage, un maniaque d'argent qui meurt de faim à côté de ses greniers remplis. Je le méprise et je le hais, ce Langlumeau! Il n'a jamais eu en toute sa vie une bonne pensée, un bon mouvement et même un beau masque. Il se montrait à moi-même, à moi son oncle, en toute sa vilaine nature, et, quand il m'apportait des cerneaux à ma fête, on eût dit qu'il s'arrachait les entrailles. Non, non, pas de Langlumeau! Il engluerait ma fortune, il donnerait les pâles couleurs à mes louis d'or, il ferait suer mes petits écus et les ferait travailler comme des nègres. Pas un sou à ce Langlumeau et pas un sou à Lehuchoir! Ah! le misérable hypocrite, mon neveu Lehuchoir! Ce favori de l'argent et du hasard, ce mirliflore du jeu de Bourse et ce saltimbanque de la spéculation, il est pire, à coup sûr, qu'un avare; il est un faux prodigue, un faux dépensier; son luxe est un mensonge, un piége, un attrape-nigaud ! un bellâtre aimé des femmes sensibles! un malheureux! un fat! Il finira, vous verrez cela, vous autres, par être baron, comte ou marquis Lehuchoir de Carabas. Il a volé aux jeunes gens de génie et sans nom ces toiles, ces marbres, ces bronzes, ces chefs-d'œuvre dont il a garni sa maison; il attend la pauvreté au coin d'un bois, et il la dépouille en lui mettant sous la gorge un pistolet tout en or ! Il s'informe à tous les violateurs de la propriété de ce qui est à vendre à bon compte; il le marchande, il l'achète, il le revend, il l'hypothèque, il le rachète! Il est habile à tondre, à racler, à sonder, à glaner, à grappiller, à dépouiller! Lui donner encore un million, ajouter à sa fortune une fortune... il y aurait crime, et je ne dormirais pas dans mon tombeau ! »

Ainsi parle, en son testament, l'oncle César.

Voici cependant une objection que l'oncle César se fait à lui-même : « Au fait, se dit-il, tous les parents ne sont pas des coquins; ils ne sont pas tous Isidore, ou la femme Isidore, ou le fils Isidore, ou Félix, ou Langlumeau, ou Lehuchoir. J'ai là, en fait de Girodot, trois jeunesses qui me récréaient de leurs sourires : Pauline, Hortense et Lucien! Hortense est mariée, il est vrai, à ce misérable Lehuchoir; mais je l'aimais, cette Hortense : elle était si jolie!... elle est si triste aujourd'hui ! Et Pauline? Elle a seize ans, elle m'embrassait sans regarder dans ma poche. Et Lucien, le petit Lucien ! Il est bon, naïf, intelligent, bien né... César! César Girodot! prends garde à ton dernier testament! Que vas-tu faire? Allons, un bon mouvement pour Lucien, pour Hortense et pour Pauline... » Hélas! en ce moment il advient que l'oncle César se rappelle un peu plus qu'il ne faudrait l'inconvénient des richesses et les déclamations de Sénèque. « O malheureuse Hortense ! ô Pauline infortunée ! ô mon petit Lucien! si vous êtes riches, dit-il, vous êtes perdus! Lucien ne voudra plus gagner sa vie, Hortense aura des flatteurs, et Pauline... on l'épousera pour son argent! Le riche est obsédé si cruellement par le pauvre ! il est condamné à tant de luttes, à tant de peines ! il a si grand'peur de hasarder sa fortune! il est exposé à tant de maladies! il a si peu d'amis, tant d'esclaves, des fils qui le tourmentent, des filles qui le déshonorent, des esclaves qui le haïssent, de vieux parents qui le condamnent, d'honnêtes gens qui le méprisent, des coquins qui le dépouillent!... » Ce petit raisonnement a tout à fait décidé l'oncle César à ne rien laisser à Lucien, à Pauline, à sa nièce Hortense, et le voilà qui décrète en termes exprès et sans ambages que sa fortune entière appartiendra à celui de ses parents de l'un ou de l'autre sexe qui obtiendra honnêtement la majorité des voix au scrutin secret! Ceci dit, l'oncle César meurt en se frottant les mains et bien content de la belle besogne qu'il a faite là. Tel est le premier acte du *Testament de l'oncle César.*

Au second acte, on verra tout de suite à quel point ces tristes convoitises sont déchaînées. L'oncle César l'avait bien dit, ces gens-là sont très-laids à voir, tristes à entendre. O les vilains et les vilaines! Lehuchoir fait la roue et Langlumeau fait la culbute; Isidore écume, et Félix bâille; Hortense est à coqueter avec le petit Lucien; le fils d'Isidore est en train de vendre à qui la veut acheter sa propre voix, au risque de dépouiller son père et sa mère. Ils vont, ils viennent, ils complotent, ils se marchandent l'un l'autre, ils sont en mouvement comme autant de pantins que l'oncle César fait agir du fond de son tombeau plein d'astuce! O les grandes oreilles! les grands bras! la grande faim! la soif inextinguible! Il y a fraude, artifice et calomnie; il y a haine, avarice et dénigrement; il y a surtout l'envie et l'envieux, M. Isidore, et, de tous ces caractères, c'est celui-là qui me semble, à moi, le mieux tracé et le plus complet. C'est joli, l'envie, à mettre en comédie et c'est amusant, l'envieux : il est lâche, il est bête et sot ; il s'engraisse à ma phthisie, il maigrit à ta prospérité, il se dépite à ta joie, il se réjouit à ta peine ; il rage, il se cache, il a honte et peur de lui même ; il est envieux de ton bien, de ton âne, de ta femme, et de tout ce qui t'appartient ; il est envieux de ta verrue. « Ah! dit-il, la belle verrue, et la mienne, on la voit à peine! » Il porte envie à la jeunesse, au printemps, à l'eau qui brille, à l'oiseau qui chante, à ses amis, à ses camarades, à sa femme, à ses enfants, à tout le monde. Envieux! le voilà jaune, humble, violet, myope et chimérique, ébloui d'un lampion, furieux tout bas ; puis il éclate enfin, il crie, il se démène, il avoue, il se montre au grand jour. Envie! envie! Et chacun de rire au nez de ce misérable idiot!

Tel est le principal neveu de l'oncle César, Isidore, et ce rôle d'Isidore est un rôle excellent, bien joué par un comédien qui n'est pas loin de ce bon, vaillant, actif, intelligent, ingénieux Duparay. Vous voyez d'ici toute la comédie! Ils tournent incessamment, tous ces mécréants, dans le même cercle inique de vices, de calomnies et de petites infamies? Seuls, retirés dans leur jeunesse et dans leur probité de vingt ans, Pauline et petit Lucien ne songent guère au testament de César. Ils font mieux, Pauline et Lucien : pour répondre au désir d'Hortense, ils donnent à cette injuste cousine chacun sa voix pour l'héritage, et, grâce à cet appoint inattendu, Hortense hérite... Hortense, à son tour, corrigée et repentante d'avoir soupçonné Pauline et Lucien, renonce au bénéfice du testament de l'oncle César. Vous voyez d'ici la fureur du bellâtre Lehuchoir, le mari d'Hortense ! Et tout finit par l'enrichissement définitif de la pauvreté constante, de l'innocence et de la jeunesse, au détriment des Langlumeau, et des Lehuchoir, et des héritiers qui n'héritent pas de l'héritage !... Il n'y a rien de nouveau dans cette aimable et piquante comédie : elle appartient au *Légataire universel,* au *Collatéral,* aux *Marionnettes,* à l'homme aussi qui seul a trouvé toute chose, à l'auteur du *Malade imaginaire*... Oui, mais ce qui recommande à tous les bons esprits qui savent rire et sourire *le Testament de César Girodot,* c'est la gaieté, c'est le talent, c'est l'attitude exquise de cette gaieté, de ce talent ; ce sont les reparties qui répondent à la question, c'est le trait, c'est le style alerte, ingénieux, rapide, et qui n'a rien de baveux ; c'est le va-et-vient de l'ironie et du bon mot ! Rien de plus gai ! rien de plus vif, de plus jeune et de plus joyeux ! Aussi bien cette comédie a réussi au delà de toutes les espérances. Elle est jouée... au fait, c'est languissant, mais ça marche; ça ne va pas vite, mais ça touche au but; ils ne sont pas bons, mais ils s'accordent l'un l'autre. Un seul rôle est très-bien joué : celui de l'envieux ; l'envieuse est terrible et pénible à voir; le petit monsieur qui vend son père et sa mère aux Anglais y met un sang-froid très-risible; il y a le paysan qui mord et qui tue en bon patois ; l'ingénue est une fillette assez peu jolie et peu intelligente, et, disons tout, désagréable... Ils avaient là cependant, pour jouer ce petit rôle écrit depuis le temps de la jeune Agnès, une enfant jolie, élégante et charmante à l'avenant, Mlle Simon... Simon de qui ? Simon de quoi ? Simon les Quinze-Ans ! Simon les Beaux-Yeux ! Il ne faut que cela pour jouer ces petits rôles, une grâce, un sourire... il le faut absolument.

ÉMILE AUGIER

LES EFFRONTÉS

L E PROVINCIAL : La belle assemblée ! Ah ! que de belles dames ! de beaux messieurs !

« *Le Parisien* : Et si vous saviez que le plus grand nombre habite en ce moment les plus petits théâtres, où ces dames et ces messieurs s'amusent et rient des comédiennes peu vêtues qui chantent faux.

« *Le provincial* : Aujourd'hui cependant, j'en suis fâché pour ces petits théâtres, hommes et femmes, la foule est ici.

« *Le Parisien* : C'est que l'on joue une comédie où l'on bafoue un homme d'affaires, et que le public aime à rire aux dépens de ceux qui le font pleurer.

« *Le provincial* : C'est-à-dire que tous vos hommes d'affaires sont tous des...

« *Le Parisien* : C'est ce qui vous trompe ! Il y a de fort honnêtes gens dans les affaires ; il n'y en a pas un très-grand nombre, j'en conviens, mais il y en a qui, sans jamais s'écarter des principes de l'honneur et de la probité, ont touché aux honneurs ou sont en train d'y atteindre, et dont la robe et l'épée ne dédaignent pas l'alliance[1]. Effectivement on aurait tort de les confondre avec les autres ; enfin il y a des honnêtes gens dans toutes les professions.

« *Le provincial* : Sur ce pied-là, cette comédie est inoffensive aux financiers honnêtes gens ?

« *Le Parisien* : Comme est *Tartuffe* aux vrais dévots ! Hé ! pourquoi les financiers s'offenseraient-ils de voir sur la scène un fripon de leur compagnie ? Ils seraient donc plus délicats que les courtisans et les gens de robe, qui voient tous les jours représenter avec plaisir les petits marquis et les juges ignorants ou corrompus ?

« *Le provincial* : Et MM. les Parisiens, qu'ont-ils dit le premier jour ?

« *Le Parisien* : Ils se sont livrés au spectacle, ils ont écouté, ils ont ri, et, la pièce étant applaudie, les uns en ont dit plus de mal qu'ils n'en

---

1. Allusion au récent mariage de M. Molé de Champlâtreux avec la fille de Samuel Bernard.

pensent, pendant que les autres en pensent moins de bien qu'ils n'en disent.

« *Le provincial* : Et quels défauts y trouvent les critiques ?

« *Le Parisien* : Cent mille.

« *Le provincial* : Mais encore ?

« *Le Parisien* : Ils disent que tous les personnages en sont vicieux, et que l'auteur a peint les mœurs de trop près.

« *Le provincial* : Ils n'ont, parbleu ! pas tout le tort ; les mœurs m'ont paru un peu gaillardes.

« *Le Parisien* : Vous êtes trop pénétrant... Mais du financier, qui est le caractère principal, qu'en dites-vous ?

« *Le provincial* : Je dis qu'il est manqué, si les gens d'affaires sont tels qu'on me les a dépeints. Les affaires sont des mystères qui ne sont point ici développés... Mais quel est ce bruit qui se fait à l'orchestre ?...

« *Le Parisien* : L'orchestre ! il se fâche contre la sécheresse de l'intrigue, et l'orchestre a tort. La comédie de caractère est d'ordinaire assez faible du côté de l'intrigue, et s'en passe assez volontiers. Il suffit que la pièce ait un certain intérêt.

« *Le provincial* : Mais celle-ci n'est guère intéressante ; on dirait que l'auteur a porté toute l'attention du spectateur sur les caractères de sa comédie, et qu'il a regardé comme une distraction inutile une intrigue trop compliquée. Il n'y a pas assez de comédie en toute sa comédie. Est-ce vrai?

« *Le Parisien* : Il n'est que trop vrai. Un défaut considérable en tout ceci, c'est que les personnages sont odieux. L'auteur n'a pas eu assez d'esprit pour nous faire aimer ces vilaines gens : voilà son défaut capital.

« *Le provincial* : Pourtant mes amis et moi nous avons ri, tantôt malgré nous, tantôt de bon cœur. Voici pourtant dans cette loge, à notre droite, un homme et une femme encore assez belle qui ne paraissent guère contents.

« *Le Parisien* : Quoi d'étonnant? Ils se figurent que ceci est leur histoire et que la salle entière a les yeux sur eux. En récompense, on a bien ri dans la loge à côté : ce sont des magistrats qui connaissent particulièrement plusieurs des personnages de cette comédie, et qui ne sont pas fâchés de les revoir... »

Qui parle ainsi? quel est le bel-esprit qui soumet à cette analyse inflexible une des plus belles œuvres dont s'honore l'ancien théâtre? Allons, je vous prie, un petit effort de mémoire... Y êtes-vous? C'est Le Sage en personne, expliquant et critiquant *Turcaret*, cette merveille d'esprit, de bonne humeur et de malice, homme habile à rouver la difficulté de son grand ouvrage, et qui ne craint pas d'être à soi-même un censeur sans pitié.

Cet exemple, parti de si haut, nous profitera, je l'espère, à l'heure où, nous aussi, nous nous trouvons en présence d'une œuvre considérable et qui vaut la peine qu'on la discute. *Effronté*, c'est le mot de la morale ancienne et de l'ancienne comédie. Un grand moraliste, appelé Théophraste, a laissé dans ses livres le caractère de *l'effronté,* de l'*avare,* de l'*impudent,* du *vilain homme* et du *coquin*..., autant d'effrontés. « Un coquin, disait-il, est celui à qui les choses les plus honteuses ne coûtent rien à dire ou à faire... Il est tout ce qu'il y a de plus honteux et de plus contraire à la bienséance. » A chaque page de ce livre de Théophraste on retrouve un effronté. Aristophane et Plaute ont légué toute une famille d'effrontés à Molière, à commencer par Scapin : *les Fourberies de Scapin, les Fourberies de Mascarille.* Si le valet est un effronté, la soubrette est une effrontée, effrontée aussi la digne fille du seigneur Alcantor. Elle épouse en effet Sganarelle, oui ; « mais c'est un homme qui mourra avant qu'il soit peu, et qui n'a tout au plus que six mois dans le ventre ». Dans *le Bourgeois gentilhomme,* il n'y a rien de plus effronté que cette marquise Dorimène et son

ami Dorante exploitant le bonhomme Jourdain.
« Dorimène (à M. Jourdain) : Je ne réponds à ce
compliment qu'en mangeant comme je fais. »
M. de Pourceaugnac vous représente une armée
d'effrontés des deux sexes et de toutes les nations.
Le Médecin malgré lui, Sganarelle, est un effronté de la plus charmante espèce. Un horrible
effronté, c'est Tartuffe. Rappelez-vous les servan-
tes, les valets, les marquis, les comtesses, *le Joueur*
et *le Légataire universel* de Regnard. Sa comédie
appartient aux effrontés ; elle est une effronterie
intarissable, comme la gaieté qui l'anime. Et ce
brave homme appelé Le Sage, il est l'auteur de
Crispin rival de son maître; il a fait *Turcaret*,
il a fait *Gil Blas,* le grand-père de *Figaro*, l'effronté par excellence. Aussi l'on ne saurait tenir
compte du titre de sa comédie à l'auteur des *Effrontés.* Il l'eût appelée *la Forêt de Bondy,* le titre
eût été plus juste, ou du moins plus nouveau.

Au premier acte apparaît un coquin, Vernouillet, flétri d'hier par un de ces terribles *attendu* de la police correctionnelle : « Attendu,
malgré ses manœuvres frauduleuses, qu'un tel
échappe à la loi pénale, le renvoie des fins de la
plainte, etc. », c'est-à-dire il échappe à la peine,
mais non au déshonneur. Un grand magistrat
d'autrefois disait cela très-bien en parlant d'un

coquin de cette espèce : « On lui a sauvé la tête, on lui a tordu le cou. » Le voilà donc, ce M. Vernouillet, tout flétri, qui se présente en tremblant, car il tremble encore, chez un sien camarade appelé le financier Charrier. Ce Charrier est ce qui s'appelle un homme considérable : il est très-riche, il a sa part dans toutes les grandes affaires ; il est maire de son arrondissement ; il aspire en secret aux honneurs de la Chambre haute ; enfin c'est un ambitieux austère, et maintenant qu'il a tout l'argent qu'il pouvait attendre, il écrit sur ses « armes parlantes » le *Quo non ascendam?* du bourgeois de Paris. « Il faudrait, disait un moraliste, supprimer tous les honneurs de ce bas monde et n'en rendre à personne, s'ils inspiraient autant d'orgueil et de vanité à ceux qui les méritent qu'à ceux qui ne les méritent pas. » Or c'est justement parce qu'il ne les mérite guère que M. Charrier en veut avec tant d'ardeur aux distinctions honorifiques. Pensez donc s'il reçoit du haut de sa hauteur ce malheureux Vernouillet, ce vaincu de la sixième chambre. En ce moment, le Vernouillet serait perdu, écrasé sous sa propre indignité, si, par bonheur pour lui, par malheur pour la morale universelle, un certain marquis d'Hauterive... un Alceste à la dérive, ne s'était rencontré chez le banquier Charrier pour relever le courage abattu de Vernouillet. « Quoi! lui dit-il, pour si peu, M. Vernouillet se décourage! Il aura entendu hier quelques dures paroles d'un magistrat rébarbatif, qui gagne à peine mille écus chaque année et qui loge au quatrième étage; et M. Vernouillet, qui possède un million, courbe la tête! A quoi donc sert l'effronterie? à quoi sert l'argent comptant? Allons, Vernouillet, courage, et montrons-nous! » Il est ainsi fait, ce marquis d'Hauterive... Il hait la bourgeoisie; il a pris en profonde pitié la société nouvelle; il en veut à quiconque est quelqu'un ou quelque chose; il va sans cesse affirmant et répétant :

> Les vices d'autrefois sont les mœurs d'aujourd'hui!

Bref, il amuse au premier abord, et son ironie est vraiment plaisante au premier acte; au second acte, elle a déjà perdu quelque peu de sa pointe et de sa grâce, et c'est à peine si nous pouvons la supporter à la dernière scène. Un jour, devant Chamfort, qui avait bien de l'esprit, un marquis de cette espèce, un mécontent, déclamait contre tout le monde, et même un peu contre sa patrie : « Heu! dit Chamfort, si ce discours est d'un gentilhomme, il n'est pas noble, à coup sûr. » Le mot est très-joli, je m'en sers. Ce vieux marquis d'Hauterive, au milieu de la société moderne, est un impuissant, un envieux, un mauvais ricaneur, un *esprit chagrin*, disait Théophraste. Or « l'esprit chagrin fait que l'on n'est jamais content de personne, et que l'on fait aux autres mille plaintes sans fondement ». Mais au premier acte il est charmant, ce M. d'Hauterive ; il joue à merveille de ces deux marionnettes, le Charrier tout bouffi d'importance et le Vernouillet dégonflé, qui peu à peu se regonfle en disant : *M'y voilà !* Bien plus, la scène est très-bien faite où l'on voit le fameux financier Charrier donner la main à ce coquin que tout à l'heure il ne voulait pas recevoir :

> L'honneur estropié, languissant et perclus,
> Est une vieille idole en qui l'on ne croit plus.

Au second acte (il ne faudrait pas vous attendre en tout ceci à rencontrer une logique inflexible), nous irons, s'il vous plaît, chez une belle effrontée, appelée la marquise d'Hauterive, à savoir la propre femme de M. le marquis. Elle était jeune, elle était sa nièce, elle était pauvre, il était vieux, il était riche ; il ne voulait pas laisser déchoir ce nom d'Hauterive : il épousa sa nièce, et naturellement il fut trompé par elle. Un jeune homme, un écrivain, que dis-je ? un journaliste éloquent, honnête homme et bien élevé, appelé M. de Sergines (on le voit trop peu dans cette comédie), a rencontré Mme d'Hauterive, et bientôt ils se sont aimés, et tant aimés que M. le marquis a découvert les intrigues de sa *nièce*. Il pouvait tuer Sergines : il n'a pas voulu compromettre ainsi le nom des d'Hauterive, et il a si bien fait que sa propre femme a demandé contre lui une séparation de corps ; il a si bien fait qu'elle l'a obtenue ; et maintenant, grâce à la pension de cent mille livres que lui fait son mari, grâce aux respects dont la dame est entourée par son amant M. de Sergines, la marquise d'Hauterive, séparée de corps, est une des reines de Paris. Sa parole est comptée ; elle va partout la tête haute, et Dieu sait qu'elle serait parfaitement heureuse si les plus belles amours ne devaient pas finir ! Mais quoi ! voici déjà quatre ans que la jeune dame et le jeune monsieur, le journaliste, sont épris l'un de l'autre, et quatre ans c'est bien long, surtout quand les liens de l'opinion sont là qui vous lient beaucoup plus encore que le mariage !

Ils en sont là, la dame et le monsieur, portant *leur chaîne*. En vain la dame a voulu se distraire en caquetant avec le fils de M. Charrier, « un libertin de *mauvais goût* » (elle en convient), bientôt sa coquetterie est retombée sur elle-même. Ah ! quelle tristesse ! Et l'instant d'après, sans motif et sans duègne qui l'accompagne, la jeune Clémence

Charrier arrive en cette petite maison de la séparation de corps. Elle a donc son effronterie, elle aussi, la jeune Clémence? Heureusement M. le marquis d'Hauterive arrive à son tour, et sa présence légitime est une espèce de consolation pour les honnêtes gens, qui ne comprennent guère les coquetteries de Mme d'Hauterive avec M. de Sergines, voire les coquetteries de Mme d'Hauterive avec ce brigand de Vernouillet, qui lui rapporte un engagement de cent mille francs que la dame imprudente avait souscrit dans ses affaires véreuses. — Cent mille francs!. dit le marquis, le Vernouillet vous les rapporte! Il a donc à vous demander d'étranges services! Enfin, Madame, y pensez-vous! Si vous acceptiez cette abominable restitution, vous seriez la complice et désormais la servante du sieur Vernouillet. Donc, les cent mille francs, les voilà; rendez son argent à cet homme, et fermez-lui votre porte. C'est un beau mouvement, très-dramatique, et qui fait grand plaisir au milieu de ce tourbillon d'actions mauvaises et peu claires. Je sais bien que les effrontés reprocheront à M. le marquis d'être un peu trop glorieux de sa belle action. — Mais quoi! disait Caton lui-même, « essayez de séparer la gloire de la vertu, et vous verrez combien peu de gens consentiront à être d'honnêtes gens ». Ainsi, par une suite de scènes piquantes et variées, par un pétillement très-ingénieux de mots restés charmants, biens trouvés, tantôt blessés, tantôt contents, occupés toujours, nous arrivons à ce fameux troisième acte, où l'auteur va nous montrer le nouveau don César de Bazan :

> Pardon! ne faites pas attention, je passe.
> Vous parliez entre vous. Continuez, de grâce.
> J'entre un peu brusquement, Messieurs, j'en suis fâché!
> Ouf! que d'événements.....

Ce don César de Bazan du journal, ce *feuilliste* impossible, la joie et le divertissement du susdit troisième acte, est un gueux, nommé Giboyer. Il est vêtu comme un pleutre, il a l'esprit d'un coquin, il écrit comme un faussaire. Il a, nous dit-il, mais je ne le crois pas, remporté toutes les palmes innocentes et la couronne du prix d'honneur. A ce drôle, une aimable couronne! une palme sur ce front difforme! Et notez bien que cet homme a tourné en accusations toutes ses belles études, et qu'il en fait un crime à la société tout entière. Comment donc! il était heureusement, glorieusement, le fils d'un portier; on l'est venu prendre au fond de la loge de son père, on l'a tiré de sa crasse originelle, on a mis entre ses mains, bonnes tout au plus à tenir l'alène du savetier ou l'aiguille du tailleur, les poëmes d'Homère et les poëmes de Virgile; on l'a fait Athénien, on l'a fait Romain, ce misérable voyou de la rue Mouffetard; on l'a nourri, on l'a blanchi, on l'a peigné, on l'a sauvé, et le voilà qui déclame, ô honte et misère! contre les poëtes, contre les philosophes et les orateurs, ses pères nourriciers! Bien plus, du fond des abîmes et des fanges dans lesquels il est retombé spontanément, ce misérable insulte à l'honneur des femmes, à la bonne renommée des hommes. Il touche à la biographie immonde, et vous lui feriez dire, au prix d'un petit écu, que le chevalier Bayard était un lâche et Jeanne d'Arc une drôlesse. Et de ces crapules cet homme hideux se vante, et de cette plume où la boue et le fiel sont mêlés il éclabousse à plaisir la robe blanche et l'habit noir. Ah! la triste image! Or savez-vous comment ce Giboyer est devenu l'âme damnée et l'associé-valet de Vernouillet le déshonoré? Pas plus tard que ce matin, Vernouillet achetait, de cet argent qu'il a volé, un journal considérable intitulé *la Conscience publique*, et le premier soin de Vernouillet était d'introduire en son journal, au milieu des anciens collaborateurs, son digne associé Giboyer!

Il est fait comme vous, il pense comme moi.

On rit donc! Le Giboyer devient une joie! Et

moi aussi j'ai ri, mais je ne suis pas désarmé. Bien plus, je suis tout honteux de mon rire, il est absurde. En effet, mettez Vernouillet et Giboyer, son camarade, au milieu d'un journal, quel qu'il soit : soudain, à la même heure et le même jour, ce ne sont pas seulement les écrivains qui donneront leur démission dans cette œuvre de ténèbres et de honte, mais les plieuses et les porteurs du journal. Ce Vernouillet, dans ce journal naguère entouré d'estime, est semblable à l'araignée au milieu de ses toiles : il grappille à droite, il grappille à gauche ; il jette à l'Opéra ses filets, ses plombs à la Bourse ; et quand se présente une de ces grandes questions qui sont la vie et l'honneur du journal, Vernouillet, sans reproche et sans peur, *vend* la question au plus offrant et dernier enchérisseur. Cent mille francs la question sur les fers ! c'est pour rien ! Et le ministre, à la même heure, écrit de sa main au Vernouillet : « Vous êtes un homme, un caractère, et venez dîner au Ministère. » Il y a là aussi une dissertation très-longue et très-pénible à entendre, où il est démontré par Giboyer que la propriété c'est le vol. Certes, on ne saurait nier que ceci, déclamé publiquement, soit une nouveauté inattendue, inattendue à ce point que notre étonnement, disons aussi notre peu d'habitude aujourd'hui, nous a empêché de la comprendre, par cette raison sans réplique : *Ingenia studiaque facilius oppresseris quam revocaveris*. C'est Tacite qui l'a dit, dans son admirable *Agricola*.

J'entends d'ici quelque *effronté* du parterre : « Au fait, dit-il, si le Giboyer est un coquin, le Giboyer est un faux journaliste ; Sergines, le vrai journaliste, est un héros ! Quoi donc, seriez-vous fâché d'une plaisanterie un peu crue, et ne voyez-vous que, parallèlement avec ce coquin de Giboyer, nous vous montrons le journaliste honnête homme, entouré de louanges, et dont la voix rencontre inévitablement un écho dans les consciences les plus honnêtes et les intelligences les plus avancées ? C'est pour rire, encore une fois, toute cette ironie ! On serait très-fâché d'insulter une grande et vaillante profession, et vous seriez le mal venu de nous gêner dans nos gaietés, dans notre humeur joviale et dans cet accent gaulois dont nous ne saurions nous défaire... » Voilà donc ce qu'ils répondent, les amis et les partisans de Giboyer : « Laissez-nous rire. » Eh bien ! moi, je ne ris pas ; je suis assez semblable à l'orateur *plaidant pour sa maison* : « Penses-tu, Clodius, que je ne détruirai pas jusque dans leurs bases les actes de ton tribunat ? Après avoir troublé l'ordre des sacrifices, tu as voulu proposer des lois que personne n'avait proposées avant toi : *Qu'il vous plaise, ô Romains! d'ordonner que Marcus Tullius ne puisse rester dans Rome, et que ses biens deviennent la propriété du public!* Ainsi, tu voulais abuser des circonstances et de l'état des affaires publiques, en m'arrachant les honneurs que décerne le peuple à ceux qui l'ont servi. Va, va, répète aussi haut que ta voix peut aller : *Citoyens, qu'il vous plaise d'ordonner que l'eau et le feu soient interdits à Marcus Tullius;* je défendrai contre toi ma maison et mon bannissement. » Tout ce discours de l'orateur romain *pour sa maison* me servirait au besoin à répondre au Vernouillet, à répondre au Giboyer le prix d'honneur. Nous en avons connu de ces prix d'honneur, et nous en connaissons encore, qui ont accompli glorieusement les tâches les plus illustres. Un d'entre eux, qui est mort tout jeune et que nous pleurons encore, la veille de sa mort, comme il avait passé une cruelle nuit d'insomnie : « Oh! disait-il, ne me plaignez pas. Je me suis représenté toute la nuit les divers auteurs de l'antiquité à qui je voudrais ressembler, et j'ai voté pour Plutarque. » Il s'appelait Édouard Boitard, ce prix d'honneur.

Donc, laissons rire à ventre déboutonné M. Giboyer, le don César de Bazan de l'écritoire;

abandonnons le Vernouillet à ces prospérités inconcevables que signalait Démosthènes dans sa IV⁰ philippique : « Athéniens, rappelez-vous que le succès trop rapide est un encouragement à tous les crimes. » Et comme au fond de l'âme il nous plaît d'aimer l'auteur des *Effrontés,* parce qu'il est plein de gaieté, de bonne humeur, de bel esprit, content de vivre et très-heureux d'être au monde, oublions ce fameux troisième acte, pour arriver tout de suite au milieu de la fête élégante que donnent à leurs amis ces nobles *effrontés*, le vicomte et la vicomtesse d'Isigny. « Il est bien d'Isigny, car son père y vendait du beurre. » On s'amuse enfin à cette fête. Il y a là tout un petit monde assez méchant, qui se plaît aux plus vulgaires médisances, et qui ce matin même aura lu, dans les bas-fonds de la *Conscience publique,* une déclamation de cet affreux Giboyer, intitulée *le Chien accusateur.* Giboyer n'a jamais possédé que trois histoires dans son bissac de diffamation ; elles sont toutes les trois du même atticisme. Ici, *le caniche accusateur* accuse une marquise et son amoureux, à savoir la marquise d'Hauterive et M. de Sergines, le journaliste honnête homme. Ici encore, on pourrait relever comme une invraisemblance la prétendue autorité du Giboyer sur l'opinion publique, et l'on démontrerait facilement qu'une pareille espèce est impuissante (heureusement!) à déshonorer si vite et si complétement un galant homme, une femme honorable au bout du compte, et protégée par la réserve et le sérieux de sa vie entière. Oh que non pas! la vie et l'honneur des hommes et des femmes de notre temps ne sauraient tenir à un fil si léger. Les Vernouillet, non plus que les Giboyer, n'y peuvent rien. Mais à quoi bon une critique inutile? on rit toujours, on rit encore; et, d'ailleurs, il est bien mené ce quatrième acte, et quand apparaît dans ce monde ahuri la jeune femme insultée, et quand, face à face avec ces deux pleutres, elle parle à Vernouillet de son ami le président de la sixième chambre, ils nous semblent assez châtiés, ces deux compères d'une incroyable comédie: *Merito plectimur.* Arrive en même temps, semblable au Dieu qui sort de son nuage, et superbe et dédaigneux, foulant aux pieds ces reptiles, Vernouillet et Giboyer, M. le marquis d'Hauterive. A sa femme insultée il offre en ce moment sa protection tout entière; en un mot, il reprend sa femme et la retire enfin des abîmes où l'infortunée allait tomber. Il n'y a rien à reprendre à ce mouvement plein de grâce et de dignité. J'aime aussi beaucoup deux charmants caractères, le frère et la sœur, Henri et Clémence Charrier. L'un et l'autre, ils s'aiment tendrement, et nous aussi nous les trouvons aimables.

On dirait que ces deux enfants sont placés là par M. Émile Augier pour que l'on ne dise pas des *Effrontés* ce que l'on disait de *Turcaret,* qu'il n'y avait rien d'honnête en toute cette comédie.

Au dernier acte enfin la jeune Clémence épouse M. de Sergines, qu'elle aime en secret, non pas sans que M. Charrier, son père, ait tenté de lui faire épouser Vernouillet : car (il faut tous qu'ils soient plus ou moins souillés) M. Vernouillet a découvert, dans la *Gazette des Tribunaux*, que son ami Charrier, il y a vingt ans, a *subi* un acquittement pareil au sien en police correctionnelle.

Ainsi l'un et l'autre ils sont déshonorés au même titre, et Vernouillet est assez lâche pour remettre au fils le papier qui déshonore son père. Alors le fils prie et supplie, à mains jointes, son père au désespoir, de rendre à ses anciens clients l'argent qu'il leur a volé, et le père attendri consent, à ce prix, à réhabiliter le nom de ses enfants. C'est bien fait, chacun l'approuve, et cependant mieux eût valu tout simplement être en commençant un honnête homme.—Il y avait un officier de M. de Catinat qui s'était mal conduit, et qui plus tard avait racheté sa faute. Un jour que ce malheureux brossait son uniforme : « Oh ! là, disait le maréchal, il peut bien ôter les taches de son habit, il ne lui rendra jamais son premier lustre. »

V. SARDOU

LA FAMILLE BENOITON

Je commencerai par retrancher une syllabe, une seule, à ce drame étonnant, et, comme on ne saurait mettre en doute l'audace du jeune auteur, je ne crois pas qu'il se fâche de ce retranchement. Écrivons donc au fronton de la nouvelle comédie en cinq actes : FAMILLE BENOITON ! tout lugubrement, et nous aurons le vrai titre d'une abominable et très-intéressante comédie, où la leçon est un coup de poignard, parfois même un coup de bâton ; où l'on rit, honteux et malheureux de son propre rire. *Famille Benoîton !* c'est-à-dire : Ici reposent des morts vulgaires qui représentent une vie impossible et déshonorante ; ici sont enfouis des hommes de lucre et de mensonge, à côté d'enfants scrofuleux et de quelques femmes de rien. Dieu merci ! la famille Benoîton a vécu ; les Benoîton père et fils n'avaient pas d'ascendants ; ils n'ont pas laissé de descendants. Tout ce qu'ils ont pu faire en se cotisant, c'est ce méchant tombeau économique ouvert à tous les vents de bise, et si quelqu'un de ces messieurs avait négligé par malheur le soin d'inscrire au rabais ce nom sans écho sur une pierre sans durée, on ne se souviendrait guère de la famille Benoîton. La voilà morte. *Hic jacet!* N'en parlons plus.

Mais, plus cette exécrable famille est anéantie, et plus volontiers nous reconnaîtrons qu'il a fallu, pour lui rendre avec tant de grâce et de faveur la vie et la curiosité, un esprit rare, un talent singulier. M. Victorien Sardou est tout semblable à dame Martine du *Médecin malgré lui* : — *Ah! mon pauvre mari,* disait Martine, *je ne te quitte point que je ne t'aie vu pendu...* M. Victorien Sardou, soyez-en sûr, ne quittera pas un seul de ces quinze personnages sans qu'il les ait criblés de ses mépris et foulés à ses pieds. Pêle-mêle effrayant et très-amusant de crimes, de passions, de violences, de trahisons, d'abjections.

Premier acte. — A Saint-Cloud, non loin de Montretout, une suite de maisons blanches, de petits jardins, bosquets, jets, d'eau, charmilles. —

Dans l'un de ces jardins, Mme Clotilde, une jeune veuve, en grand habit du matin, jouant, par curiosité et par plaisir, un rôle sifflé naguère au Gymnase, le rôle de la marieuse. A peine mariée, elle a perdu son mari, et la voilà qui cherche *à conclure*, au nom de ses voisines et de ses voisins : c'est sa tâche. Elle a résolu de marier, au premier venu même, une certaine Adolphine, de la race des Benoîton, et (probablement) arrière-petite-fille de la comtesse d'Escarbagnas. Cette Adolphine est un monstre en morale et, que dis-je? un monstre au physique. Elle a l'esprit de Mlle Cathos, sa marraine, de sa Madelon, sa camarade. Elle porte un chignon fou, sous un chapeau vaporeux. Celui qui l'épousera jamais se pourra vanter d'épouser les sept péchés mortels. « Ma foi, se dit à elle-même Clotilde la marieuse, il faut convenir que j'aurai la main bien malfaisante si je trouve à ce fagot une chaussure à son pied. Passe encore si cette sotte était riche.... A peine si elle apportera de quoi payer le postiche et les faussetés de sa triste personne. Allez donc jeter cette créature ainsi faite au milieu des hommes les moins favorisés du sort! Proposez-la au consul de Madagascar, aux employés du Mexique..... ils s'enfuiront comme s'ils avaient vu le diable. Ah! le sot problème! Encore si dame Adolphine était moins infatuée de sa triste personne! Oui-da! mais elle s'admire, elle s'écoute, elle se loue, et, par-dessus le marché, est-elle ingrate, méchante, et curieuse et quémandeuse?... Eh bien, je n'en aurai point le démenti. »

Comme elle est en train de se désespérer, Mme Clotilde la marieuse voit entrer dans son bosquet un ancien ami, M. de Champrosé, bon gentilhomme. Il était riche et s'est tant laissé grignoter par les rats d'alentour qu'il a vu tout disparaître à la fois, le château, les bois, les maisons; bref, il était temps, s'il ne voulait pas mourir de faim, qu'il héritât de la fortune de son oncle, et maintenant que le revoilà riche, il ne veut plus qu'on le grignote, il veut qu'on le mange avec économie. Il veut absolument, pour bien finir, rencontrer un bon mariage, et pourtant (vanités des bonnes résolutions, ce pavé de l'enfer!) M. de Champrosé est venu à Saint-Cloud poussé par une envie immense de rejoindre un chapeau bleu, parbleu! Mais quoi! le chapeau bleu de la rue a disparu dans les bois, et M. de Champrosé s'estime un homme heureux d'avoir rencontré Clotilde la marieuse. « Ainsi mariez-moi, Clotilde. — Prenez garde, ami Champrosé, répond-elle, il n'y a pas de casse-cou plus dangereux. Vous vous mariez, c'est bientôt dit, c'est bientôt fait, mais (inévitablement) vous épousez une dépensière; elle se ruine en linge, en habits, en falbalas, en bijoux, en choses de l'autre monde, en poudre de riz, en vermillon, en chaînettes, épingles, diadèmes, jupons rayés, cordons, feuillages, chapeaux, bavolets, cachemires des Indes; et des gants, des chevaux, des carrosses, des casquettes, des bottes; toilette à midi, toilette à quatre heures, sans compter les peignoirs flottants et les jupes plates dans l'intervalle! C'est toute une encyclopédie à énumérer, tout un budget à solder... C'est le diable! Et cependant le malheureux, une fois attaché à cette roue, use sa vie, uniquement pour suffire à cette injuste et cruelle dépense. Eh donc! qu'en dites-vous, Monsieur de Champrosé? »

A cette déclaration de Clotilde (et notez bien qu'elle est attifée à la dernière mode, et que la belle prêcheuse aurait grand'peine à prêcher d'exemple), M. de Champrosé pâlit... cependant il regrette le chapeau bleu. « On le connaît, le chapeau bleu, dit Clotilde; il répond au nom de Benoîton. — Benoîton des sommiers élastiques? — C'est toi qui l'as nommé, dit Clotilde. Ils sont riches, ces Benoîton, et frivoles. Le père est un enrichi, qui donnerait Homère et Virgile, et la liberté de la presse, avec toutes les libertés de ce bas monde, pour un petit écu. Le dernier né est un Cartouche en fleur, le lycéen est un cancre de la plus belle venue, et les demoiselles... des demoiselles à la mode. Elles s'habillent, babillent et se déshabillent tout le long du jour. L'aînée est déjà mariée à M. Didier, jeune homme affairé qui va incessamment du carton B C au portefeuille X et Z, demandant, chemin faisant, comment va sa femme et comment va son bébé. Quant au père Benoîton, son rêve, en ce moment, c'est d'être chevalier de la Légion d'honneur. Il semble à Benoîton, puisque le gouvernement a la prétention d'encourager le vrai mérite, qu'on devrait lui tenir compte de ses deux maisons sur le boulevard Malesherbes, de sa maison au boulevard Saint-Michel, et de trois ou quatre autres édifices en construction. « Et qui donc récompenser, juste Dieu! si l'on ne récompense pas ceux qui donnent l'exemple de la fortune?... » Il est très-amusant, ce coquin de Benoîton, chef de la maison Benoîton des sommiers élastiques. Mais ce qui le complète et va le porter à son maximum, c'est la rencontre heureuse de ses dignes amis, faits à son image, les deux Formichel père et fils. Formichel père et fils représenteraient au besoin toute une comédie, et voilà distancés à tout jamais ces deux gaietés de nos grands-pères, Diafoirus père et fils. Écoutez le père Formichel parlant de son fils, et voyez si jamais le père Diafoirus a poussé pour sa progéniture l'enthousiasme à ce point-là : « Eh bien ! je vous réponds qu'il a profité, le gaillard ! A huit ans, cela vous brassait déjà sa petite règle d'intérêts composés, et on avait, Monsieur, son petit brouillard et son petit grand-livre pour inscrire le *doit* et *avoir* de son petit budget... » Tel est ce premier acte avec toutes ses déviations. Rien n'est plus joli que ormichel fils saluant jusqu'à terre *M. Benoîton des sommiers à ressorts compensateurs,* gros comme le bras. Il a beaucoup voyagé, ce jeune homme ; en Espagne, il a étudié l'huile et le tabac ; à Rome, il s'est occupé des savons ; à Venise, il a remarqué l'absence du gaz. Il est le *voyageur utilitaire;* il ne voit que ce qui s'achète et se vend. Comme contraste à cette ganache de l'épicerie européenne, vous avez Mlle Camille Benoîton, très-habile au box, au champ de course, aux paris. Elle exhale une suave odeur d'écurie et de patchouli ; elle parle agréablement l'argot du grand monde des cocottes. O mélange heureux d'Agnès et de fille entretenue ! On vous dira la suite à l'acte suivant.

Vous avez déjà compris que nous n'allions pas en ligne droite ; au contraire, aurons-nous soin de nous arrêter à toutes les curiosités du sentier. Cette fois, nous sommes entrés dans la maison, disons mieux, dans les écuries d'Augias Benoîton. Là, nous retrouvons, régnant et gouvernant, le mètre en main, le fléau du XIXe siècle, à savoir la couturière mâle et femelle. Elle mène, en ces jours néfastes, la danse des morts, comme on la voyait sur le pont de Bâle en l'an de grâce 1372. La couturière ! elle est le commencement et la fin du monde ; elle est la ruine et le déshonneur des maisons mal bâties et des fortunes mal gagnées. Elle travaille en ce moment avec Mme Didier et ses deux sœurs, Mlles Camille et Jeanne Benoîton. Elle les conseille, elle les tente, elle expose à leurs yeux ses étoffes brillantes. Elle agrandit la dette, elle amoindrit la ressource ; elle vient encore, en ces lieux mal hantés, de vendre à crédit pour mille écus de dentelle à la jeune Mme Didier, ce qui fait que l'on s'étonne un peu que le jeune Formichel, qui couperait un liard en quatre, éprouve un certain attrait pour ces demoiselles de la grande toilette et de la petite vertu. Oui, mais Mlle Camille Benoîton aura cent mille écus de dot, sans compter les espérances, une tante infirme et décrépite, et qui laisse à chacun des Benoîton cent vingt mille francs. Ici redoublez de courage, et nous vous expliquerons de notre mieux les combinaisons du faux bonhomme Prudent Formichel.

Prudent (un calepin à la main). Quel âge avez-vous ?

Benoiton. Cinquante-sept ans.

Prudent. C'est quinze ans à attendre !

Benoiton. Hein ! Comment !... Quoi ?

Prudent (additionnant). Et encore ! le cou gras, la face congestionnée !... Enfin, mettons quinze ans !... Ça cadre assez avec mes calculs ! Je quadruple mon capital..... 4 fois 7 font 28 : deux millions huit cent mille francs ; plus votre héritage, deux cent mille francs, trois millions !... J'ai deux enfants, pas un de plus ! Un garçon d'abord, puis une fille !... Le garçon est ingénieur civil, la fille bonne à marier !... Ici, l'héritage de papa !

En effet, Prudent Formichel parle à son propre père, et que dis-je ? à son futur beau-père, le langage des *Faux Bonshommes*. Ce qui n'était d'abord qu'une gaminerie est devenu bel et bien un vrai parricide. Et nous, cependant, rions comme des fous de ce père et de ce beau-père filialement broyés sous ces tables de mortalité. En même temps, dans un tourbillon de chiffres, de combinaisons, de suppositions, il finit par épouvanter ses deux papas de sa formidable carapace. On dirait d'un monitor traversant une flottille de bateaux pêcheurs. Vraiment ce jeune homme est en zinc. Tout d'un coup, cependant, et pour nous reposer de ces hommes blindés, nous revenons aux dames légères, aux questions de la toilette. Au demeurant lorsqu'il mène ainsi, dans une égale proportion, l'argent des Benoîton mâles et les dépenses des Benoîton femelles, M. Victorien Sardou accomplit un tâche ardue au premier abord, tant on croirait que la prudence et l'avarice du père devraient être un frein à la folie, à l'imprévu des demoiselles Benoîton. Notez bien que ce deuxième acte est entremêlé des jovialités de Théodule et de Fanfan Benoîton. Ces deux-là, je vous les donne hardiment (Fanfan n'a que sept ans, Théodule en a quatorze) pour les deux plus mauvais petits drôles que la race abominable des Benoîton, unie à la race exécrable des Formichel, aient lancés d'un coup de pied quelque part, dans les fanges du grand chemin de la vie humaine. Hélas! n'interrogez point l'auteur de *la Famille Benoîton*. Il sait son Paris aussi bien que Juvénal savait Rome et tout de suite il vous répondra par la récente histoire de ces jolis petits lycéens épouvantant naguère de leurs mauvaises mœurs les demoiselles et les jockeys des courses de Longchamp. Ils étaient arrivés sur le *turf* à quatre chevaux; ils tutoyaient toutes ces dames dont ils savaient le petit nom : Marthe, Anna, Marguerite ou Fanny. Ils pariaient pour tous les chevaux, contre toutes les femmes; ils finirent par se griser d'une telle façon que leurs amis, les laquais de ces dames, les prirent en pitié, et les rejetèrent dans leur carrosse, qui remporta ce printemps de l'année, ivre à la fois de vin et de tabac. Voilà ce que l'auteur a vu, voilà ce qu'il raconte et ce qu'il met en scène avec une telle énergie que, si quelque honnête homme était, par malheur, le père irrécusable de ces dons Juans de la petite classe, il solliciterait du magistrat la faveur d'une maison de correction.

Troisième acte. — Maintenant, s'il vous plaît, l'action change encore, et nous verrons aux prises Mme Didier-Benoîton avec le trop affairé M. Didier. La jeune femme a dépensé beaucoup d'argent, mais elle a sauvegardé son propre honneur. Didier, de son côté, a dépensé sa vie hors du toit domestique, mais utilement pour la prospérité de sa maison. Une charmante scène entre ces deux jeunes gens les montre inquiets l'un de l'autre; et quand Didier veut revenir à sa femme, en reconnaissant qu'il avait grand tort de l'abandonner à l'oisiveté de sa propre jeunesse, elle s'étonne à son tour, elle ne comprend pas ce qu'on lui veut dire; elle n'a plus le goût du tête-à-tête; il lui faut désormais les excitations du théâtre ou les enivrements du bal. Plus de solitude et plus d'égoïsme à deux. Voilà Didier bien malheureux. Mais quand il apprend soudain que sa femme a de grosses dettes, qu'elle se cache, et que tout à l'heure encore elle a porté mille écus à un créancier, Didier ne doute plus de sa honte. Alors il veut savoir toutes les actions de sa femme : à qui donc elle parlait hier et ce qu'elle a fait ce matin dans ce champ de courses, le rendez-vous de la plus mauvaise compagnie, où toutes les filles perdues s'en viennent étaler leurs jupons, leurs guipures, leurs casaques, leurs ombrelles et leurs robes de dentelles couvertes de poussière... Il s'épouvante, il maudit la destinée, il ne croit plus à sa femme innocente ; il est en doute, ô misère ! de la légitimité de son enfant. Ce que nous vous disons là, c'est le drame après la comédie, et nous trouvons, franchement, que c'est trop aller vite en besogne. Une femme jeune, imprudente et prise en quelque jeu clandestin, trouvera toujours assez de force pour s'écrier qu'une dette n'est pas un crime, et surtout si cette infortunée est la fille, la femme ou la sœur de tant de millions. Il est donc fort heureux que le public se soit laissé prendre à cette histoire tirée de l'*Art de vérifier les dates* combiné avec la sagesse de Salomon, d'autant mieux que l'histoire est ingénieuse et bien conduite ; mais pour nous, elle manque à la fois de simplicité, de vérité, de vraisemblance, et nous aurions quelque regret à nos larmes si nous avions pleuré sur les malheurs de Monsieur, de Madame et de la petite Didier. Le public, moins farouche, a pleuré délicieusement, comme une bête, et ce n'est pas sans peine que l'auteur l'a ramené aux véritables héros, à la véritable question de sa comédie : aux Formichel, aux Benoîton.

Ceci est la suite de la scène ou le jeune Formichel calcule imperturbablement le *revient* de la mort de son père et de son futur beau-père. Cet aimable jeune homme, en ce moment, tient sa propre mère sous le scalpel : « A la mort de la *pauvre femme*, les *Orléans* étaient à 815 fr. 25 c.; les *Lyon*... As-tu assez tripoté sur mes pauvres Lyon, papa ! Ma pauvre maman me laisse trente Lyon à 612 fr. 50 c. Total (calculant) : 3 fois 5, 15 ; — 3 fois 2, 6 et 1, 7 ; 3 fois 1, 3 ; — 3 fois 6, 18 : Dix-huit mille trois cent soixante-quinze ! » Et le père, à l'affût de ces opérations vertigineuses, admire, en s'inclinant, le talent de ce fils qui l'écrase, en lui démontrant ses propres turpitudes ! « Chiffre-t-il, ce gredin-là ! »

PRUDENT. Or, papa vend mes Lyon à 675 fr...

FORMICHEL père. Bénéfice net : 1,875 fr. pour la succession.

Pris à son piége, ce père *ahuri* et tout glorieux reconnaît qu'il redoit à son fils imperturbable une somme énorme : digne résultat de tant de tripotage. En ce moment reparaît la comédie, et chacun tremble. Il y a longtemps qu'elle a cessé de sourire. Elle se fâche, elle s'emporte; elle avait jadis des conseils et des espérances, elle n'a plus que des exécrations. « Ah! quelle famille! » C'est le cri de M. de Champrosé, le cri de Clotilde. Et notez bien que nous laissons dans une ombre dédaigneuse la lettre anonyme et les délations de cette abominable Adolphine Benoîton. Quelle famille en effet, tous coquins et coquines, abrutis par l'argent, stupides et ridicules dans ces atours pleins de folies. Pas un bon sentiment, pas une amitié vraie, et tous menteurs. Imaginez-vous que notre auteur, ce comique impitoyable, annonce à chaque scène, au milieu de toutes ces épouvantes l'arrivée ou la présence de Mme Benoîton la mère. — Ah! disons-nous, c'est bien heureux qu'il y ait au moins une mère, c'est-à-dire une charité, une prudence, un bon conseil..... Eh bien, cette mère est une fiction; que dis-je? elle est une plaisanterie. On l'appelle, on l'attend, on est sûr qu'elle viendra, tantôt pour sauver de leur naissante abjection le petit Théodule et le petit Fanfan, tantôt pour prêter à la jeune Mme Didier ces trois mille francs qui la compromettent, ou tout au moins pour enseigner à ces deux filles qu'elles se perdent à copier, dans leur triomphe insolent et menteur, ces malheureuses qui cachent sous des robes de mille écus une chemise de quinze sous. A chaque danger de la maison, nous sommes tentés de provoquer et d'appeler cette mère absente. A la fin: la voilà! la voilà! tout est sauvé, tout va rentrer dans le devoir... ô déception! vaine attente! On entend un grand éclat de rire.... hélas! c'est la mère Benoîton qui ne vient pas. Comme invention plaisante, on en trouverait difficilement qui soit comparable à celle-là; mais si vous prétendiez que la comédie soit en effet une œuvre humaine et représentant les actions des hommes, ce grand rire à la suite de cette mère, notre dernière espérance, que personne n'a vue et ne verra, se change en accusation contre les mœurs de nos jours.— Quoi! dites-vous, pas même la mère! La mère elle-même devient la complice des paradoxes de son mari et de la honte de ses enfants! Ainsi les voilà complets, ces Atrides bourgeois. Nous, cependant, nous demeurons tout attristé, nous rappelant avec quel zèle et quel soin tout paternel le grand poëte comique à côté du vice place une consolation : Marianne à côté d'Harpagon, Alceste aux pieds de Célimène, Henriette effaçant Bélise, Valère insultant Tartuffe. Ainsi, chez les maîtres, l'exemple et la leçon, la pitié, le charme, et souvent le pardon, rendent supportables, disons mieux, vraisemblables, les plus véhémentes accusations.

C'est pourquoi, nous étant bien amusé de la verve inépuisable et des inventions singulières de ce véritablement bel esprit, M. Sardou, nous restons dans notre droit en écrivant, comme en un lieu funèbre : *Chapelle Benoîton, chapelle Formichel!* Enfermés dans ces quatre murailles, ils n'en sortiront plus.

Déjà même il nous semble en ce moment qu'autour de ce tombeau plein d'éclats de rire on entend le dialogue que voici entre deux habitans de Saint-Cloud, deux philosophes, heureux de tout, contents de peu : le philosophe A... et le philosophe B... Ces deux anciens voisins des Benoîton ont conduit ce matin même au cimetière un de leurs bons amis, et, passant devant la concession à perpétuité des Benoîton :

« Voilà donc, s'est écrié le philosophe A..., tout ce qui reste de ces champignons vénéneux, poussés un beau matin sur le fumier de Saint-Cloud?

B. Ma foi, je m'étonne encore que ces espèces de créatures aient laissé cette maçonnerie qui ne résistera pas au prochain hiver.

A. Ils avaient cependant joué chez nous un certain rôle, et ce nom de Benoîton, dans l'Almanach du commerce, était fameux.

B. Mauvais commerce! Elles ne durent pas longtemps, ces fortunes fondées sur une sotte invention, et le sommier élastique à ressorts compensateurs a jeté, comme on dit, un vilain coton, depuis l'invention du lit-fauteuil-billard — le tabouret Formichel.

A. Savez-vous, cependant, ce que Mlle Camille Benoîton est devenue?

B. Elle a pris un nom de Victoire, et traîne en ce moment sa victoire et son dernier jupon sur le boulevard de Gand.

A. Et ces deux petits messieurs, Théodule et Fanfan, que Benoîton père admirait comme deux prodiges?

B. Théodule est déjà sur le chemin de Brest ou de Toulon; Fanfan, plus timide, vient d'épouser une de ces drôlesses qui font écrire par des valets leurs *Mémoires* pour solder les mémoires de leur blanchisseuse. Fanfan se vante d'avoir bien fini, ajoutant que Théodule finira mal. »

Étrange comédie, au bout du compte! On y court, on l'écoute, on l'applaudit, et le public se fâcherait si quelque malavisé tentait d'en arracher une seule parole..... il se fâcherait tout rouge, et non pas sans raison, si le moraliste osait ajouter, pour conclure, le *fabula de te narratur* du satirique latin :

Cette histoire est la tienne, ô bourgeois de Paris !

MALLEFILLE

LES SCEPTIQUES

LÉON LAYA

MADAME DESROCHES

N'IMPORTE où vous le mettrez, disait un financier de l'autre siècle à madame son épouse, un jour qu'ils avaient invité par hasard un grand poëte, inévitablement il sera à sa place, c'est-à-dire à la première. A ces causes, nous commencerons cette fois par le nouveau théâtre de M. Mallefille. Il avait employé trois ans de sa vie à écrire un beau drame intitulé *les Sceptiques*. Avec tous les respects, le Théâtre-Français a refusé *les Sceptiques*, et ce soir on les joue au bout du monde. Quelle pièce éloquente, et bien jouée, au milieu d'un peuple attentif! Entendez-vous d'ici la foule applaudir?

Au premier acte, dans un riche salon, M. le banquier Landureau donne une grande fête. Mme Sidonie Landureau attend non par les barons de nouvelle édition, si chers à la vanité de son mari, mais un jeune homme appelé Lionel, marquis de Trézignan. Lionel était amoureux naguère de Sidonie. Aujourd'hui l'amour se passe, il est passé, et la dame est toute tremblante; elle a compris qu'un ami de collège, honnête homme, appelé Pierre Froment, a déjà fait de grandes remontrances à Lionel. « Voilà mon ennemi! » se dit-elle en désignant le jeune homme aux remontrances. « Et si tu m'en délivrais, disait de son côté Lionel à son ami Pierre, serais-je assez heureux de cette chaîne brisée! Elle ne m'aime plus, je ne l'aime pas! Elle était belle et je suis marquis, nous nous sommes trompés l'un l'autre; elle tient à moi par amour-propre, et l'ennui m'a détaché d'elle! » Ainsi s'explique et vite et bien le nouveau drame. Il est déjà plein d'ironie et de bon sens. En ce moment Richard le sceptique apparaît; il a rencontré, voilà bientôt deux longues années, toute charmante et sans défense, une aimable jeune fille, Mlle Pauline de Chazelet. Elle est pauvre, elle est institutrice; elle est sans défense. Il l'a quittée, elle a pleuré l'ingrat, et quand elle a eu compris sa trahison, elle a donné sa main, sa belle main parisienne, au comte d'Apremont... Soixante ans... Vingt-cinq ans! Mlle Blanche d'Apremont, la fille du comte et fille d'un premier lit, est encore en son avril, avec toutes les vertus de ce bel âge. De loin on l'admire, on l'aime aussitôt qu'on l'approche. Et... tout rempli de gaieté, de bonne humeur, de traits piquants et nouveaux, le premier acte finit là.

Acte deuxième. — Nous ne quittons pas le salon du fastueux M. Landureau. C'est même une des nouveautés de la pièce, et nous sommes tout charmés de voir revenir toute parée et contente Mlle Blanche. Hélas! l'imprudente! elle accepte, en riant, la mantille de Mme Sidonie (la mantille de Déjanire!), et la voilà partie au bras de sa belle-mère. « Il te faudrait cette femme-là! dit Pierre à Lionel. — Y penses-tu? répond l'ami Pierre; je l'aime, il est vrai, mais comme un frère aime sa sœur. » Cependant Mme Sidonie Landureau, abandonnée, a bientôt fait un allié à sa vengeance du sceptique Richard de Villepreneuse. « Savez-vous, lui dit-elle, comment s'appelle Mlle Pauline de Chazelet? Elle s'appelle aujourd'hui la comtesse d'Apremont. »

Au troisième acte, nous voilà dans le château

d'Apremont. La jeune comtesse et son mari le vieux comte, assis dans un salon d'autrefois, parcourent les journaux d'aujourd'hui en attendant le jeune marquis Lionel de Trézignan, leur voisin, qui vient ici tous les jours, délivré de Mme Sidonie. Ah! les belles heures de ces amours écroulées! Comme Lionel se sent délivré de cet ennui de tous les jours! Que Mlle d'Apremont lui semble belle, et quelle différence entre le comte d'Apremont et ce pleutre de Landureau! Ce comte d'Apremont est tout à fait de l'école autrefois florissante, oublieuse de toute morale, incertaine entre le bien et le mal; elle ne disait pas : Que sais-je? Elle répondait : Que m'importe? « Un homme en vaut un autre, disait M. d'Apremont à Pauline sa jeune femme, et M. Lionel de Trézignan a pour lui de nous être présenté par M. Pierre, un ami de notre maison. » L'ennui de M. d'Apremont et son indifférence appartiennent tout à fait à la comédie; il est copié sur les bons modèles. Il s'ennuie, ou tout au moins il s'ennuierait sans la jeune femme ici présente; enfin, s'il s'inquiète un peu de Blanche, sa fille, c'est que Mme d'Apremont ne permet pas à ce vieillard d'oublier ses devoirs de famille. Et puis Mlle Blanche est de bonne garde, elle se défend, elle se protége elle-même, et ce n'est pas cette vaillante enfant qui va rêver du premier venu. C'est une âme active et fière. Elle a pour devise : *In excelsis!* Dans les hauteurs! Aussitôt que M. Lionel devient un prétendant à sa main, elle impose, et sans hésiter, toutes ses conditions.

Mais (vous l'attendiez) voilà Mme Sidonie ardente à la vengeance; elle a poursuivi jusqu'en ces lieux redoutables l'ingrat Lionel. De cette explication formidable entre cet homme et cette femme une grande inquiétude va surgir. Heureusement Pierre arrive une fois encore en aide à son ami, il pressent le danger, il comprend que la femme délaissée se vengera sur la jeune fille. Il ne sait pas que le premier amoureux de Mme d'Apremont, M. Richard, duc de Villepreneuse, a retrouvé toute sa passion pour la belle Pauline. Ah! malheureux sceptique! voilà donc le produit net de tes mensonges, à savoir : l'abandon des honnêtes gens, le mépris de tes amis de chaque jour, des actions douteuses, un regret éternel, le regret de cette admirable Pauline, et cette insurmontable méfiance d'un homme qui ne croit plus au présent, au temps passé, moins encore à l'avenir!

Cette admirable scène du quatrième acte a remué toutes les âmes. Tous les cœurs étaient épris de la jeune et prudente Mme d'Apremont. Cependant Sidonie Landureau, la femme abandonnée, a suivi la piste de ses vengeances : il ne lui suffit pas d'avoir indiqué à M. de Trézignan l'asile de ses amours tant pleurées, il faut encore, et voilà le crime suprême de ces malheureuses qui ne croient à rien, que la jeune fille innocente et croyante soit traînée aux abîmes. En ce moment, nous revoyons M. Landureau ; il arrive à la suite de sa femme : il ne veut pas qu'on le trompe, et s'il était trompé, il ne serait pas, non certes, le Sganarelle ; il serait George Dandin. Ce Landureau nous fait rire, et nous savons tous que M. Mallefille, au milieu d'une scène énergique, soudain le voilà qui s'abandonne aux plus folles gaietés. Landureau, nous dit-il, c'est Othello doublé de Jocrisse. Et quand Jocrisse-Othello revient de la piste où sa femme elle-même a jeté son George Dandin, rapportant la mantille : « Holà ! dit-il, je la reconnais, cette mantille ; elle m'a coûté telle somme, et je l'ai donnée à ma femme ! Ainsi la malheureuse était à ce rendez-vous où je l'ai surprise ! — Oui, dit la dame, et c'est bien ma mantille ; il y a plus d'un mois que je l'ai donnée à Mlle Blanche... » A cette déclaration, la jeune fille est perdue... Au milieu de tous ces gens qui doutent, et même aux yeux de son père, un sceptique de sa propre fille, elle est déshonorée ! « Est-ce assez bien joué ? » dit tout bas Sidonie à Lionel. Mais

Dieu merci! voici le croyant. Le voilà le cœur fidèle et dévoué qui croit à l'honneur des hommes, à la chasteté des femmes, à la virginité des vierges. Voilà Pierre, le bourgeois! Mallefille ici triomphe, il éclate, il est maître... Athéniens, nous dit-il, Athéniens repus de femmes décolletées, malheur aux honnêtes gens qui *bâillent leur vie* et qui ricanent de tout!

Et quand chacun de ces entasseurs de nuages demande à Blanche une preuve de son innocence, Pierre s'avance, et, lui tendant la main : « Mademoiselle, dit-il, voulez-vous m'épouser ? »

Nota bene. Nous trouverons un peu plus loin, dans la nouvelle pièce du Théâtre-Français, jouée à la même heure, la même scène, et très-touchante. Ici, la scène est superbe, et la déclaration des deux jeunes gens est amenée à merveille : « Mais vous ne m'aimez pas, dit Blanche. — Au contraire, et de toute mon âme, répond Pierre; je vous aime, et je bénis le ciel de toutes les lâchetés qui vous entourent, ô ma chère épouse! » Ainsi finit par les larmes les plus tendres et les plus heureuses ce châtiment implacable et mérité. Vous pouvez m'en croire, *les Sceptiques* représentent une belle œuvre, digne de toutes les louanges et de tous les respects.

L'autre comédie, au Théâtre-Français cette fois, est ingénieuse, élégante et bien faite aussitôt que

nous admirons *le Duc Job* et *la Loi du cœur*
L'auteur, très-indécis du titre à donner à sa pièce
aurait pu se rappeler les maîtres anciens lorsqu'il
intitulaient leur comédie : *la Cassette, la Cruche,
le Câble* ou *le Trésor*; il aurait facilement intitulé sa pièce : *les Tablettes*. Ces tablettes jouer[ont]
en effet le grand rôle en toute cette histoire asse[z]
triste. Il s'agit cette fois, non pas d'une femme ridicule, il s'agit d'une femme méchante. On r[it]
volontiers de Mme Philaminte et du bon Chrysale[;]
il n'y a rien de moins gai que Mme Desroches[.]
Chrysale est un bonhomme, un naïf; M. Desroches est tout simplement un imbécile, et, ce q[ui]
est pire, un malhonnête homme. Chrysale, en s[a]
jeunesse, ne déplaisait pas à dame Philaminte; a[u]
contraire, M. Desroches a déplu toute sa vie à s[a]
triste épouse. En opposition avec cette mégère
nous avons, au premier acte, une femme excellent[e]
et trop bonne, la comtesse de Villiers.

La dame est fort riche, elle est veuve et jeun[e]
encore, elle ne songe qu'à bien élever Mlle Blanche, sa fille unique. Elle aura lu, dans *l'École des
Maris*, les sentiments du bon Ariste :

> Et les soins défiants, les verrous et les grilles,
> Ne font pas la vertu des femmes et des filles...

Ariste et Mme de Villiers sont du même avis : i[l]

ne faut pas gêner l'inclination des jeunes filles; faites mieux, ayez souci même de leurs rêves. Cette nuit précisément Mlle Blanche de Villiers a rêvé qu'elle voyait un jeune homme à ses pieds :

> Il jurait qu'il m'aimait d'un amour sans seconde,
> Et me disait les mots les plus gentils du monde;
> Des choses que jamais rien ne peut égaler,
> Et dont, toutes les fois que je l'entends parler,
> La douceur me chatouille et là dedans remue
> Certain je ne sais quoi dont je suis tout émue.

Or le jeune homme en question est un godelureau sans argent, sans crédit, qui n'a pour lui que sa moustache blonde, et nous connaissons peu de mères, à la place de Mme de Villiers, une femme de cent bonnes mille livres de rente, qui ne dise à sa fille : « Allons, vous rêvez, ma fille, remettez-vous ! Quand on est Mlle Blanche de Villiers, on n'épouse pas un rapin, et votre rêve n'a pas le sens commun ! » Au même instant entre dans cette maison mal gardée un certain marquis d'Oswald, — marquis est de trop, — porteur d'une demande en mariage. Il offre, à très-bon prix, le jeune duc d'en face, un duc anglais orné de deux cent cinquante mille livres de rente, et très-connu dans l'avant-scène consacrée aux ballets décolletés, à tel point que l'administration a fini par dire à ces dames du harem de Gulliver :

> Cachez ces seins que nous ne saurions voir.

Mais : « Fi des cinq millions ! répond Mme de Villiers ; nous ne voulons pas d'un petit crevé anglais, fût-il assis sur le sac de laine, et Mlle Blanche n'est pas faite pour le jeune homme aux cinq millions. » Ce premier acte est un peu long, mais il passe. On ferait bien d'effacer cette belle phrase, en parlant du jeune duc : « Il a le ventre très-creux ! » C'est chose étrange que messieurs du Théâtre-Français, qui n'ont pas toujours l'oreille béotienne, aient répété six mois, sans la corriger, cette phrase-là.

Acte second. — Nous voilà cependant chez Mme Desroches. Figurez-vous le *formica leo* attendant sa proie au fond de son entonnoir. Ame impitoyable et mercenaire, elle hait sa fille, elle hait son mari ; elle n'aime que l'argent. Avec quel empressement elle accepte le jeune duc aux cinq millions dont voici la photographie. *Il est très-bien, cet homme.* Et même elle donne un pot-de-vin au courtier qui lui propose un si beau mariage. Ce courtier n'est plus le marquis d'Oswald, c'est tout bonnement un chevalier d'industrie ; et nous voilà tout fâché de rencontrer cette escroquerie au moins inutile dans un sujet qui pouvait si bien s'en passer. Cependant vous attendez, en contraste avec ce triste duc d'Angleterre (*absent* jusqu'à la fin de l'œuvre), que l'on vous montre enfin le peintre en question, cette merveille que l'on voit en rêve, un artiste à ce point désintéressé que, non content d'avoir couvert des plus belles peintures le salon de Desroches à la campagne au prix de cinquante francs le tableau, des tableaux dignes de Boucher, il ajoute à son bienfait deux tableaux d'Hobbema, deux chefs-d'œuvre, uniquement pour plaire à son horrible hôtesse. Arrivez donc, jeune homme, et nous montrez votre heureuse barbiche!... O désappointement, nous ne le verrons pas! C'est ainsi que dans la *Mort du grand Pompée* il plaît à Corneille de ne pas montrer son héros.

Mais, dites-vous, il n'y a donc rien dans cette excellente comédie? Il y a quelque chose ; attendez, voici la scène! Elle est très-belle et jouée à merveille par Mme Victoria Lafontaine, qui se relève enfin des mépris et de l'oubli de son théâtre. On vous a déjà raconté le retour du jeune amiral de Rosoy ; comment il est le cousin de Mme Desroches et le parrain de sa fille Louise. A son départ, il y a quatre ans, Louise était encore une enfant ; elle est devenue une jeune fille, et, maltraitée au logis domestique, elle s'est repliée en elle-même,

> Et, de ses dix-sept ans doucement tourmentée,

elle écrit sa confession de chaque jour. La fillette

est là tout entière, et quand elle voit ses tablettes aux mains de sa mère impie : « Oh! non! dit-elle, pas cela, ma mère, je ne le veux pas! » Il faut entendre en ce moment le grand cri de la jeune Mme Lafontaine; on ne saurait pousser plus loin le spasme et la douleur. Hélas! si Mme Rose Chéri, ce talent si complet, avait pu contempler la profonde et cruelle douleur de sa fille adoptive, qu'elle en eût été fière et contente! Et voilà comment Mme Victoria Lafontaine, si longtemps délaissée en ce théâtre ingrat, vient de lui donner tout un drame. Elle a fait d'une pièce morte une vivante comédie. Otez-la, tout est perdu.

Une scène encore en ce même acte, où l'on reconnaît une main très-habile. A l'aspect de cette enfant qui pleure, et qui lui récite, haletante à perdre haleine, une complainte ineffable, où les mots pressés produisent l'effet d'un coup de feu quand le plomb fait balle et frappe à bout portant, c'est le cri de l'amiral de Rosoy : « Louise, veux-tu m'épouser? » (2e édition de la scène des *Sceptiques.*) Et l'enfant, pleine de joie et de fièvre, se jette au cou de ce galant homme. Ici le drame est fini; il ne saurait aller plus loin.

Donc, effaçons toutes les injures inutiles que se disent l'homme et la femme Desroches; au moins par respect pour notre marine, faisons-les taire, ils n'ont plus le droit de parler. D'ailleurs, c'est un spectacle étrange, cette horrible femme hurlant et vociférant le mot fameux : *Jamais! jamais!* parce qu'on lui donne pour gendre un amiral de quarante ans, qui aura dans dix ans le bâton des maréchaux de France avec le Sénat et le grand cordon de la Légion d'honneur! *Jamais! jamais!* au nez de ce digne amiral, ne voilà-t-il pas une déclamation bien placée et des banquiers bien difficiles! Encore un sacrifice dont le public nous saura gré; retranchons tout le quatrième acte; n'allons pas en Italie, et baissons la toile au moment où tout le monde applaudit.

Des *Sceptiques* à Mme *Desroches,* quel abîme! Et de Mallefille à M. Laya, quelle différence! L'auteur de Mme *Desroches,* envié, protégé, applaudi, enrichi, récompensé, voisin de toutes les gloires, passe incessamment son heureuse vie à combiner précieusement toute sorte de situations vulgaires, de scènes toutes faites; il écrit comme on parle; il est pour la moindre chose écouté, suivi, applaudi, ses amis d'aujourd'hui remplaçant et bien au delà ses amis d'hier. Le succès lui vient par hasard, par habitude. Il n'a qu'à se laisser vivre pour être heureux; il n'a qu'à marcher, il avance. Il a le vent en poupe; et tout ce qu'on peut faire et tout ce qu'on peut dire ici-bas, les rois qui tombent, les républiques disparues, les rois qui viennent, il ne songe qu'à marier M. le marquis à Mme la comtesse, ou M. l'amiral à sa filleule ; il est content, tout va bien ; il se prélasse à son soleil.

L'autre, au contraire, est un lutteur : il lutte ; il est un homme énergique : il résiste ; il aurait honte de construire, à la façon des enfants, de frêles châteaux de cartes qu'un souffle emporte : il lui faut le fer et le granit. Chez lui la passion l'emporte sur l'habileté, l'instinct sur la prudence.

Il obéit à des passions violentes, à des haines vigoureuses, à des tendresses éternelles. Il a subi, jeune encore, les épreuves les plus formidables. Une expérience précoce, un profond sentiment du juste et de l'injuste, une grande connaissance du cœur humain, de longues et patientes études énergiquement accomplies, le naufrage et la persécution, et même, afin que rien ne manquât à ces épreuves de toute sorte, la fièvre et l'insomnie des journées de toute-puissance, un grand emploi dignement accompli, fièrement rejeté : voilà la vie et le labeur de cet homme que nous avons relégué, avec sa meilleure œuvre peut-être, aux *théâtre des Folies-Saint-Germain !* Heureusement que, cette fois encore, justice est faite. Applaudissez, je le veux bien, Mme *Desroches*, mais laissez les âmes fières et sympathiques approuver tout à leur aise ces *Sceptiques* terribles et charmants !

MEILHAC ET HALÉVY

FROUFROU

On la pleure, au dernier acte, avec des gémissements qui *tonnent* la sympathie et la passion... Pourtant, quand on y songe, on est bien vite consolé de cette mort imprévue, et l'on regrette, en essuyant ses pauvres yeux, tant de larmes inutiles. *Froufrou* est une enfant de Paris, une belle demoiselle assez mal élevée. A peine elle avait cinq ans, elle était déjà une petite dame, et possédait à fond les premiers éléments de la grande toilette. Un exemple entre tous vous donnera une idée approchante des petits crimes de ces grandes coquettes, lorsque, réunies en un cercle de falbalas et de fanfreluches, elles copient, sous les yeux de leur mère et des passants, les grands airs de Célimène. Un jour, comme elles jouaient en grande parure, aux propos interrompus, deux jeunes filles de leur âge implorent d'une voix timide et d'un regard charmant l'honneur d'être admises dans ce cercle des talons rouges. Froufrou répondit avec l'insolence et l'ignorance de cet âge impitoyable : « Loin d'ici, Mesdemoiselles! nous ne jouons qu'avec des petites filles en robes de soie »; et les fillettes en robe de laine s'en revinrent à leur mère, qui les attendait en lisant un vieux livre. Ah! les dignes enfants! Elles n'ont rien trouvé à répondre à la petite Froufrou. Elles avaient tout simplement pour aïeul M. de Witt, le grand pensionnaire de Hollande, un héros! un martyr! et pour grand-père le premier ministre des affaires étrangères, un génie! Tel fut.... le premier exploit de Mlle Froufrou.

A quinze ou seize ans, c'était presque une dame à la mode. Elle était la reine des beaux ajustements; elle se fût volontiers vantée comme cette héroïne de Regnard qui disait : « J'ai porté, la première, des prétentailles dans la ville de Bayonne. » En revanche, elle ne savait rien, l'aimable demoiselle, de toutes les choses qu'il faudrait savoir. Elle ignorait le Musée du Louvre; elle ne savait pas un seul nom de nos grands poëtes; à peine elle avait entendu parler de La Fontaine et de Lamartine. Une fois que sa mère la voulait conduire au Théâtre-Français, elle se mit à lire l'affiche et s'en revint éperdue en criant : « N'allons pas là, maman, c'est en vers! » L'heureuse ignorance et l'aimable éducation! En vain un grand moraliste écrivait pour les filles d'autrefois ces aimables conseils : « Ne craignons rien tant que la vanité dans les filles ; elles naissent avec un désir violent de plaire. Les chemins qui conduisent les hommes à l'autorité et à la gloire leur étant fermés, elles tâchent de se dédommager par les agréments de l'esprit et du corps; de là vient leur conversation douce et insinuante; de là vient quelles aspirent tant à la beauté et à toutes les grâces extérieures, et qu'elles sont si passionnées pour les ajustements : une coiffe, un bout de ruban, une boucle de cheveux plus haut ou plus bas, le choix d'une couleur, ce sont pour elles autant d'affaires importantes. » Qu'est-ce à dire, et que leur veut ce bonhomme? On ne leur a jamais parlé de ce livre excellent, qui pourrait sauver tant de choses : *De l'éducation des filles*, par M. Fénelon : « A peine elles ont l'âge du travail, tout les ennuie, et la pente au plaisir les emporte. »

En revanche, elles vous chanteront la chanson *l'Éducation des demoiselles* sur l'air *Tra la la la, l'amour est là*.

Le bel instituteur de filles
Que ce monsieur de Fénelon !
Il parle de messe et d'aiguilles.
Maman, c'est un sot tout du long.
Concerts, bals et pièces nouvelles
Nous instruisent mieux que cela.
Tra la la la, les demoiselles,
Tra la la la, se forment là.

Bref, Mlle Froufrou est tout à fait ce qui s'appelle une fille mal élevée. Il est vrai que son digne père, un certain M. Brigard, n'a guère veillé sur l'éducation de ses deux filles. Il est lui-même un bohémien de petits théâtres, un coureur de petits ballets; il est le protecteur de Mlle Tata, le poursuivant de Mlle Antonia Brunet. S'il rencontrait Mimi Pinson, il l'épouserait en secondes noces. Ne voilà-t-il pas un bel exemple, un fameux père, un sage conseiller ! Cet homme, autant que sa fille, est un vrai froufrou.

Naturellement le premier acte se passe au château de Bigorre : on dira dans dix ans le château de Brigard.

De bon matin, Mademoiselle est sortie à cheval avec M. de Valréas, un jeune voisin très-riche, et, comme ils revenaient au grand galop de leurs chevaux, la demoiselle, en habit d'amazone, arrive haletante : « J'ai gagné le pari », dit-elle. Qu'avaient-ils parié ? Une discrétion, sans doute ; et tout de suite, avant même d'embrasser son aimable sœur Louise Brigard, Froufrou s'en va faire un brin de toilette. Oh! mon Dieu, tout ce qu'il y a de plus simple :

> Une robe légère
> D'une entière blancheur,
> Un chapeau de bergère,
> De nos bois une fleur.

Mais le chapeau, la robe et la rose évidemment viennent de la bonne faiseuse. Une Montmorency s'en contenterait pour toutes ses vacances; ce soir même la robe sera fripée. Au feu la rose! et la ceinture à la femme de chambre! A tout ce que nous portons nous voulons la forme et le bruit. Ces jeunes personnes ont toujours gardé les vanités de leur grand-père, le bourgeois gentilhomme : il faut paraître.

Savez-vous cependant que tout à l'heure, avant de déjeuner, Froufrou se marie? Elle épouse, avec l'autorisation de sa sœur Louise, un gentilhomme amoureux, M. de Sartorys, très-riche aussi. Nous voulons autour de nous des gens riches. Il ne faut pas que Froufrou sache jamais les mécomptes d'une fortune médiocre. Un rien pourrait ternir ces yeux charmanst, effacer ce piquant sourire et gêner ces grandes espérances. Il faut qu'à chaque instant son père et sa sœur puissent dire : « Allons, tout va bien, Froufrou s'amuse. » Voyez cependant la logique : l'aimable demoiselle courait ce matin, bride abattue, à travers champs, sous la conduite de M. de Valréas, et ce soir elle épouse en toute hâte M. de Sartorys! On ne verra pas, j'en suis fâché, la robe de la signature du contrat. Au moins, disent les dames, aurons-nous la robe des noces, robe froufrou en satin Montpensier? costume *cardinal* en drap *vert* bouteille? On l'ignore. Ma foi, Mesdames, nous en sommes fâché; mais au second acte Froufrou est mariée depuis quatre ans à M. de Sartorys. La robe de noces est jetée aux orties, la fleur d'oranger par-dessus le moulin. Nous avons déjà un enfant de trois ans, nommé George. Mais quoi! l'enfant est fort négligé de sa mère. En ce moment, Froufrou appartient au plus beau monde; elle a fait amitié avec les plus célèbres péronnelles. Son nom retentit chez les plus fameuses couturières. Dans les journaux de modes, on vous dira chaque semaine : « Elle portait hier, aux courses, une robe marquise, en satin-scandinave-noisette-grand-volant-tablier-quille; elle était ainsi coiffée à l'Opéra. Son chapeau... » mais ici nous ne voulons tromper personne, on ne voit pas le chapeau de Froufrou, et pourtant, que je pense, elle n'était pas tête nue au dernier sermon.

Voulez-vous toutefois qu'on vous dise exactement ce que faisait la dame au second acte de sa vie et de sa passion ? Elle s'occupait de son mieux, en belle et bonne compagnie, à répéter un bijou de comédie, une œuvre exquise, décente et choisie à merveille pour exciter au delà de toute espérance les convoitises et l'empressement des cocodettes des deux sexes. Or, voici la belle œuvre que répétait chaque jour Mme de Sartorys avec son attentif, M. de Valréas.

Vous rappelez-vous... dans le répertoire extrême de Mlle Déjazet, — c'est du plus loin qu'il vous en souvienne, — une farce à deux personnages, *Indiana et Charlemagne?* A coup sûr, on ne l'eût pas choisie en cette illustre maison de Saint-Cyr, sous la loi sévère de Mme de Maintenon. Même on a pu voir que cette reine eut de grandes inquiétudes après la représentation d'*Esther* et d'*Athalie*. Indiana est une chemisière, Charlemagne est un culottier; ils sont à peine séparés par une cloison qui chancelle entre les deux mansardes.

Entre les deux cloisons, le dialogue s'établit entre les deux voisins :

CHARLEMAGNE.

Je sors de la Renaissance.

INDIANA.

Tiens !... et moi aussi !...

CHARLEMAGNE.

Bah!... où je me suis amusé, ferme!

INDIANA.

Tiens!... et moi aussi!...

CHARLEMAGNE.

Bah!... où j'ai dansé un cancan orageux! . . . .
. . . .
. . . . Ah! pristi! fallait la voir, *les mains dans les poches, la tête jetée de côté et partant du pied gauche!* (*Indiana prend les positions qu'il indique.*) C'est au point, chère amie, que je lui ai offert ma fortune, séance tenante... en pleine Renaissance, à la face des pierrots mes concitoyens...

Bref, le jeune homme est éperdu d'un *polisson de petit pied* qui le met tout en joie, et le voilà qui chante :

> Vive le cancan national!
> Je me fiche du Code pénal!

Cela dure ainsi pendant trois quarts d'heure.

Alors quoi d'étonnant que dans cette maison de fête et de plaisir, où Pitou le souffleur indique à Mme la marquise les traditions de Mlle Déjazet et le *galop du tourbillon* à l'usage des *débardeurs*, l'adultère entre à pleines voiles? Froufrou, âme et corps, appartient à la comédie de société. Son mari la gêne, et son enfant l'ennuie; elle prie et supplie à mains jointes sa sœur Louise de prendre enfin sa place et de la débarrasser des soucis du ménage. En même temps le père, en peine d'une gourgandine de l'Opéra, la suit jusqu'au fond de la bohème. « Ah! dit Froufrou laissant aller ses deux bras le plus naturellement du monde, mon père a le mal du pays! » Le second acte finit là.

Nous devons signaler au troisième acte la scène entre les deux sœurs. Elle est très-dramatique et très-belle. Avant de tout briser dans ce combat de la nature et du devoir, la jeune femme éprouve à son tour cette fièvre intermittente qu'un de nos beaux esprits appelait *la crise*. Elle hésite, elle se trouble; elle se demande avec des larmes si vraiment elle osera jouer le rôle principal dans cette abominable comédie : *les Amants sûrs l'un de l'autre*. A la fin, le devoir l'emporte. — « Il est temps, se dit-elle avec terreur, d'être une mère de famille et de reprendre ma place dans la maison. Je reprendrai mon fils! Louise, ma sœur, me le rendra... » Mais depuis si longtemps Louise est habituée à l'enfant; Sartorys, le mari, s'est fait à Louise; elle a mis tant d'ordre et de soin dans cette maison à l'aventure! Elle compte si peu sur le zèle et les bonnes intentions de Froufrou. « Là, voyons, Froufrou, nous dira la sage et prudente Louise, t'es-tu bien consultée? Écoute nous; nous parlons pour ton bien : reste au jour le jour, la femme légère et riante. On te donnera tout l'argent qu'il te faut pour tes menus plaisirs. » A cette parole méritée, Froufrou se fâche et s'emporte, et, dans cette épouvantable scène, elle accuse hautement Louise de lui avoir ravi l'amour de son mari, la tendresse de son enfant. « Rends-les-moi, dit-elle, je ne suis pas la femme aux longs efforts.—Reprends-les, reprends-les, répond Louise au désespoir. — Je n'en veux plus, répond Froufrou; tu m'as tout pris, garde tout ! » Sur quoi, la voilà partie avec M. de Valréas, qu'elle enlève. Adieu les bonnes résolutions de tout à l'heure, et sans donner au Valréas le temps de la réflexion, la voilà qui le suit à Venise. — *N. B.* La dame est en tunique-paniers à quatre pointes, manches à brassard.

Au quatrième acte, Venise et le canal du Lido; la terrasse où flamboie un soleil radieux. Pour domestique un certain Zanetto, vêtu en velours bleu à retroussis de velours noir, un barcarol de fantaisie. Les deux amoureux sont cachés dans ce nid depuis trois mois, sans être ennuyés l'un l'autre de leur égoïsme à deux. Encore un peu de temps, ce bel enthousiasme s'effacera, et déjà les voilà qui lisent (de si loin ? le regret a des yeux si perçans !) l'annonce des pièces jouées au Palais-

Royal. C'est leur théâtre. — « Hélas! disait la fugitive au fugitif, je me rappelle un soir où l'on avait fait des deux avant-scènes une seule et même loge, et, bien assise et bien vêtue, en chignon carotte, à côté des plus grandes coquettes de la ville et de la cour, le public nous regardait en admirant. Toutes les femmes étaient jalouses, et les hommes faisaient les beaux, le sourire à la lèvre, un camélia au bouton de l'habit. Jamais je ne fus plus heureuse!... » Hélas! elle ne songe pas une minute au déshonneur de sa maison, à l'orphelin qu'elle a laissé, au nom souillé par elle, à tous ces souvenirs douloureux, honteux, misérables... Elle songe au théâtre du Palais-Royal, où l'on jouait, ce même soir, une extraordinaire et stupide folie en cinq actes! cinq petits actes! Joie et bombance! Amours, festins, réduits, grisettes! Martineau! Rigolard! Joquelet! En avant donc ce chassé croisé d'Amandine avec Gustave et d'Uranie avec Courtalou! Et comptez-vous pour rien Léona, Nicole, Estelle et Mme Tibère?... Allons-y gaîment! Oh! que ne suis-je assise à l'ombre des forêts... du Palais-Royal!

Supposons, pour son châtiment, que M. de Valréas, de son côté, se rappelle une certaine Vénitienne ayant nom Desdémone, sous les traits charmans de la Malibran, lorsqu'elle chantait, comme on chante au ciel, *la Romance du Saule*, en réponse aux gondoliers lointains frôlant le pont des Soupirs !

Quoi qu'il en soit, la scène est attristante et produit un déplorable effet sur les imaginations restées jeunes en dépit des années.

Sur l'entrefaite arrive enfin le mari, l'homme de pierre, et de sa grande et juste épée il abat du premier coup son ancien ami Valréas. J'en suis fâché pour les cocodettes ici présentes, elles ne s'étonnent guère de ce dénoûment funèbre. Elles ont vu autour d'elles tant d'aventures qui se terminent ainsi ! On dirait que ces scandales sanglants sont le revenu de votre beauté, malheureuses cousines de cette inconséquente et très-coupable Froufrou. Un déshabillé d'une suprême élégance est nécessaire à la veuve de cet amoureux sitôt châtié : peignoir forme Louis XV, en cachemire gris.

Cinquième acte. Au bout de trois mois, errante et presque laide, traînant après elle un remords qui la tue, Froufrou s'en revient au logis conjugal pour y mourir. Maison silencieuse ; le mari implacable et l'enfant ignorant, qui parfois appelle sa mère. Hélas ! la voilà, qui le croirait ? dans une humble robe noire, sans pèlerine, sans nœuds, sans tablier-quille ! Elle expie en ce moment les

toilettes tapageuses: *bottes* en peau de chevreau
les jupons *rose-marguerite*, les diamants et le
perles d'autrefois. Qui la reconnaîtrait, juste ciel
dans ce haillon? Sa joue, autrefois si fraîche e
brillante de tous les feux de la jeunesse, a l
pâleur du linceul. Cette agonie est un peu longue
Aussitôt que la mort est certaine, il ne faut pa
qu'elle attende. En fait de morts, on n'en peu
citer que deux dans tout ce siècle: la mort de *l*
Dame aux camélias, la mort de *Clarisse Harlowe*
une sainte, une prostituée, et dans ces deux ago
nies, la fange payant toute sa peine, et le cie
donnant toute sa récompense. Essayez de traverse
ces deux lits funèbres, inévitablement vous tom
berez de ce côté-ci ou de ce côté-là, mais vous n
serez pas originale, et vous copierez, sans le savoir
sans le vouloir, cette espérance ou ce désespoir.

Au premier acte du nouveau drame, nous avon
retenu un mot terrible, hardiment placé là, et qu
représentera toute notre critique. Au moment du
mariage imprévu de Mlle Froufrou Brigard ave
M. de Sartorys, une certaine baronne dont nou
n'avons point parlé parce qu'elle est tout à fai
inutile à l'action: *C'est vraiment*, dit-elle, *u*
mariage sur la musique d'Offenbach. On ne pou
vait pas mieux dire, surtout ce mot-là étant pro
noncé par les deux parodistes effrontés, assidus

constants, de maître Offenbach. C'est très-juste, oui-da. Quoi qu'il arrive en cette fin d'un siècle : innocence, arrangement, courage, esprit, lâcheté, poésie, imagination, violence, crime, honneur, vertu, professions de foi, serments, *Te Deum*, mariage, coups d'épée, enlèvements, chassepots, drame et comédie, et musique et chansons, que disons-nous ? la politique ! à tout propos, partout et toujours, accompagnements d'Offenbach, musique d'Offenbach !

Et maintenant, voulez-vous savoir, pour finir, notre opinion sur la nouvelle comédienne ?.... Elle est tout simplement la plus étonnante des femmes. Elle a commencé par jouer misérablement la comédie ; elle se traînait, sans grâce et sans esprit, dans les sentiers dramatiques d'une actrice admirable et toujours regrettée, Mme Rose Chéri. Personne ici, et nulle part, ne songeait plus à Mlle Desclée, et la voilà soudain qui revient de son exil, triomphante et superbe, et parfaitement dédaigneuse des misères de ce passé peu brillant. La voilà telle qu'elle est ! Sitôt qu'on l'a revue on se disait : « Que vient-elle faire ? » Elle revient, pardieu ! pour faire une révolution, tout simplement. Elle revient pour nous montrer des changements imprévus, des effets incomparables. C'est un protée. Il faudrait être un grand peintre pour en faire un portrait fidèle. Ombre et fantôme et femme, et si peu semblable aux joueuses de comédie!... Essayez de la prendre, essayez de la suivre! Elle échappe, elle se dérobe; elle irrite, elle plaît, elle charme, elle inquiète. Elle a les yeux très-grands, pleins de feu, les plus brillants, les plus perçants du monde. Sa bouche est grande, avec des grâces naturelles, et la plus attrayante. Elle n'est pas grande, elle n'est pas petite; on n'en voudrait pas davantage! Sa taille est aisée et bien prise. Nonchalante dans son parler, provocante en ses silences, active dans ses actions, d'un geste élégant qui dit toutes choses. Ah! dieux et déesses! tout à coup la voilà qui sort d'elle-même; elle crie, elle menace, elle épouvante. On se tait, oubliant souvent de l'applaudir. Certes, sa joie est de bonne prise, et ses larmes sont de vraies larmes, mais tant pis pour qui se laissera prendre à ces gaietés soudaines, à ces chagrins imprévus! Elle est le caprice en personne; elle est toute fantaisie... Elle est la surprise!

Il y a des instants où vous la pousseriez dans l'abîme uniquement pour le plaisir de l'en retirer; mais elle se replie et se défend. Prudente à ses heures, irritante et charmante, en trois mots, la voilà toute. On ne parle que d'elle! « A vous entendre, on dirait (c'est le mot d'un vieux comédien qui sait son métier) que Mlle Desclée est la première de nos comédiennes. — Eh! qu'importe qu'elle soit la première ou la dernière?... Elle est la seule! »

Mme ROSE CHÉRI

QUAND le poëte en ses plus grandes tristesses veut indiquer une douleur ineffable, il s'arrête, et soudain : « Quel plus grand malheur, nous dit-il, un enfant porté au bûcher sous les yeux de ceux qui l'ont vu naître ! » Eh bien, nous avons compris toute cette douleur, samedi passé, lorsque dans cette ville de Passy qu'elle habitait (en dépit de l'annexion, Passy est resté un doux village où chacun se connaît et s'estime à sa juste valeur), le bruit s'est répandu que Mme Rose Chéri venait d'expirer victime de son amour maternel. On l'aimait, on l'honorait dans tout le canton, moins encore pour son rare et charmant talent que pour ses bonnes grâces, ses vertus modestes, sa vie à l'ombre et le parfait accomplissement de ses devoirs d'épouse et de mère. Elle était la simplicité même ; ell était la grâce en personne ; et quand ce bruit de mort se répandit là-bas dans la ville aux grands bruits, portant la douleur et le deuil de théâtre en théâtre, alors la louange aussi fut unanime et sérieuse de ce talent très-rare et complet qui faisait facilement de Mme Rose Chéri, depuis Mlle Rachel, cette perte irréparable, la première comédienne de son temps. Ici et là, partout, ce fut une douleur unanime, et le jour funèbre étant venu, ses amis, les admirateurs de cette infortunée, accoururent de très-loin pour lui rendre au moins les derniers devoirs. Les hommes et les femmes de la comédie, et les jeunes gens et les vieillards, les inconnus et les célèbres, accompagnaient ce cercueil tout chargé de couronnes méritées, et quand ils le présentèrent à l'église, les portes s'ouvrirent à deux battants.

C'est que, vivante, et dans tout l'éclat de son renom, de sa beauté, cette aimable et grande artiste savait le chemin de l'église ; on y montre encore aujourd'hui la place qu'elle occupait, dans un coin bien modeste ; elle y menait ses trois enfants, son unique orgueil ; les pauvres gens la reconnaissaient par un sourire. Hélas ! l'aimable femme ! On entendit bien rarement plus de louanges et des louanges plus entières sur le passage d'un cercueil.

De l'église même, et par un long sentier, cette foule attristée l'accompagnait sous la pluie au champ des morts. Sur cette tombe ouverte avant l'heure, un vieillard plein de courage et d'énergie, au nom de la grande famille des artistes dramatiques dont il est le père, M. le baron Taylor, a prononcé des paroles touchantes. Au nom de la Comédie française, à laquelle appartenait Mme Rose Chéri par ses mérites, et dont le nom manque à tout jamais à la liste de ses comédiens célèbres, M. Léon Laya a parlé comme un poëte, et chacun s'est incliné devant ces belles paroles : « Notre admiration pour les œuvres, les luttes, les plaisirs de l'intelligence, se trouve mal à l'aise et comme paralysée et confuse en traversant cette enceinte, où l'homme vient s'humilier dans les profondes mais lumineuses ténèbres de la mort, pour en sortir l'âme plus haute et le regard plus ferme aux clartés douteuses de la vie. »

C'est très-bien dit cela. Le contraste est terrible, en effet, entre ces domaines de la mort et le théâtre éclatant du rire, de la joie et des amours de la vie humaine. Hier encore, tant de gaieté charmante, la jeunesse et ses bonheurs, toutes ses fêtes, tout ses plaisirs; aujourd'hui, si vite et si cruellement, le silence horrible, et toutes ces grâces décentes qui disparaissent à jamais enfouies. M. Laya l'a très-bien dit : « Où sont-elles ces soirées pleines de triomphes? Et pourtant, nous dit-il encore, il est juste de s'en souvenir, il est juste en effet que nous tenions compte à cette honnête femme, également obéissante à toutes les inspirations de la Muse, à tous les devoirs du toit domestique, des louanges et de l'admiration qui l'accompagnaient dans sa vie aux heures clémentes, quand tout un peuple était suspendu à sa lèvre éloquente et s'enivrait au feu de ses regards, au doux bruit de ses chansons.

Elle aimait tant la sincérité qu'elle est peut-être la seule des comédiennes, et, j'en ai bien peur, des femmes de ce temps-ci, dont on sût l'âge exactement. Elle haïssait tant le mensonge que ce très-pardonnable et léger mensonge eût offensé sa bonne et loyale nature. Elle était née à Étampes le 24 octobre 1824; encore un mois, elle entrait dans sa trente-septième année; elle était dans son apogée; elle avait quinze années devant elle encore pour ajouter à son mérite, à son talent, à ce grand art de l'invention, de l'imitation, qu'elle allait perfectionnant sans cesse et toujours.

L'avez-vous vue, il n'y a pas trois mois, dans la *Vertu de Célimène;* il n'y a pas six mois, dans les *Pattes de mouche?* Était-elle assez voisine, en sa dernière création, de la coquette indiquée par

Molière, et dans l'avant-dernière était-elle assez gaie, et vivante, et mêlée à la comédie? En toute espèce de comédie, elle tenait une place énorme, elle y vivait sérieuse, sans intrigue et sans envie; elle était la première entre toutes les autres comédiennes, uniquement parce qu'elle était elle-même, et par l'autorité de son bel esprit. C'était, par nature et par instinct, une imagination hardie, ingénieuse et toute-puissante, en pleine modestie, en pleine réserve. Elle n'a jamais dépassé le but, et de préférence elle se tenait en deçà du but, redoutant le trop de bruit, le trop d'effet. En elle tout était prudence et voile, et quand on l'applaudissait trop fort elle n'était pas contente. A combien de créations elle a prêté l'appui de sa jeunesse intelligente et de sa beauté sans fard! Même si par hasard elle abandonnait un instant les gais sentiers, sous l'aubépine, au bruit des oiseaux qui chantent, les doux rivages, les toits modestes, la fortune accorte et bourgeoise, en un mot, le monde à part et terre à terre dans lequel elle se trouvait si bien, où elle se déployait tout à l'aise, aussitôt, — la dépaysée! — elle redoublait de prudence et d'attention sur elle-même. Elle le fit bien voir dans ces trois rôles restés célèbres que le jeune Alexandre Dumas écrivit tout exprès pour la mettre en un jour tout nouveau:

Diane de Lys, le *Demi-Monde*, le *Père prodigue*. En ce moment, l'honnête femme, habituée à représenter les chastes et douces passions, se trouvait certes bien loin de son pays natal. Elle représentait, dans le *Demi-Monde*, une coquine, et dans le *Père prodigue* une drôlesse, et chacun de trembler qu'elle ne fût pas cette fois au niveau de sa tâche.

Or, ces trembleurs n'entendaient rien à l'art dramatique; ils ne savaient pas que la vraie et sincère comédienne est la seule aussi qui puisse, au besoin, représenter toutes les vertus et tous les crimes, toutes les passions, tous les âges, avec tous les mystères du cœur humain. Au contraire, elle s'amusait de ces rôles étranges; ils étaient pour elle une fête véritable; elle était toute joie et toute malice à se fourrer dans ces crinolines suspectes, à représenter ces vénales amours du demi-monde où toute autre à sa place en eût été quelque peu embourbée. Elle sortait éclatante et superbe, et... ça n'était pas plus difficile que cela de démontrer la duplicité, la trahison, l'effronterie et le sans gêne de ces tristes habitants des maisons suspectes.

Que si vous demandiez où donc elle avait vu, cette enfant de M. Scribe et du père Molière, une ingénue élevée en si bon lieu, ces mœurs misérables, ces réunions honteuses, ces adultères sans nom, ces jeunesses sans vergogne et ces vieillesses sans respect, tout le train vulgaire et déshonorant des existences à l'aventure?... Au fait, elle n'avait vu cela nulle part; elle l'avait deviné, et, contente, elle le représentait comme elle l'avait compris; elle le représentait sans bassesse et de très-haut, comme une dame honnête qui mettrait sur son visage un masque de bacchante; on voit la bacchante, et, sous le masque, au geste, à la voix, à je ne sais quoi de chaste et de retenu, vous avez bientôt reconnu l'honnête femme.

Et, plus encore, elle a profité, Mme Rose Chéri, des justes respects qui l'entouraient, pour marcher hardiment dans les souliers de ces margots, sans redouter d'être un seul instant confondue avec les tristes images qu'elle représentait d'un naturel presque effrayant. Je l'entends encore, dans le *Père prodigue*, où elle jouait le rôle d'une fille absolument perdue, et vieillissante, et de la pire espèce : « Que vous donne-t-il? disait quelqu'un. — Il me donne le bras! » répondait-elle. Mlle Mars n'eût pas dit ce mot-là avec tant d'abandon; Mme Dorval en eût fait une exclamation furieuse; elles étaient pourtant l'une et l'autre, aux deux extrémités de l'art dramatique, une exception incomparable avec tout leur entourage.

Elle avait l'accent vrai, Mme Rose Chéri ; sa voix était juste autant que son esprit ; elle était vraiment *Diane de Lys*, la coquette ; elle était bien Mlle Poirier, la fille riche et vaillante et bourgeoise, animée à bien faire, à bien dire... « Allons, va te battre ! » Ah ! qu'elle était grande en ce rôle de Chimène en robe blanche, en petit tablier ! — Que de petites pièces elle a faites à elle presque toute seule, auxquelles elle donnait une grande valeur : *le Piano de Berthe, Quitte pour la peur, le Collier de perles*. Elle disait bien la prose, elle disait bien les vers ; d'une charmante façon elle a récité *Philiberte*. Un jour on refit a son intention *la Niaise*, de Destouches, et dans cette niaise elle était si gaie et si contente ! Elle riait mieux que personne ; elle avait une façon de rire attentive et curieuse, accorte et franche, en plein rire et du bout des lèvres. C'est ainsi que dans *le Changement de main*, comme elle représentait l'impératrice Catherine agitant un éventail, pendant que son chambellan lui raconte un tas de choses saugrenues, bien certainement sous le masque on la voyait rire.

Un trait piquant l'amusait tout comme une autre ; un sous-entendu hardi ne lui déplaisait pas toujours : *la Protégée sans le savoir* fut un de ses meilleurs rôles. Certes la position était diffi-

cile, elle y mettait une naïveté de très-bon aloi
et quand son maître de peinture, représenté pa[r]
ce bon Numa, hochait la tête à l'aspect de c[e]
mauvais tableau si chèrement payé, son désespoi[r]
était au comble ! Avec tant d'intelligence et d'a[-]
grément prime-sautier, elle avait plu tout de suit[e]
à M. Scribe ; elle lui plaisait surtout par son côt[é]
calme et sérieux. Il l'appelait sa seconde Léon[-]
tine, et tout de suite, à son intention, il avai[t]
quitté la comédie en cinq actes pour revenir u[n]
instant aux faciles ébauches de ses beaux jours[.]
La petite comédie était pour M. Scribe un s[i]
doux repos ; il la composait d'une main si lé[-]
gère ! Oublieux des grandes machines et des chan[-]
gements à vue, il n'était jamais plus heureux qu[e]
s'il rencontrait une comédienne innocente au ni[-]
veau de son esprit. Il avait fait pour Mlle Ros[e]
Chéri et pour une jeune comédienne du mêm[e]
âge et bien charmante aussi, Mlle Désirée, un[e]
scène où l'une à l'autre racontait la première nui[t]
de sa noce avec un ministre, et celle-ci disait s[i]
bien à celle-là : « Voilà donc comment se mari[e]
un ministre ! » Et le public de rire, et les deu[x]
ingénues de garder un sérieux le plus plaisan[t]
du monde. Hélas ! l'une et l'autre, Mlle Désiré[e]
et Rose Chéri, elles ont disparu presque à l[a]
même heure... une ombre, un écho ! *Pulvis e*

umbra! La poussière et le vain bruit qui n'est plus !

Je me rappelle encore aujourd'hui, comme si c'était hier, le premier début de Mlle Rose Chéri sur le théâtre du Gymnase, au mois de juillet 1842, l'année de funeste mémoire. C'était deux jours avant le jour accoutumé du feuilleton, en pleine élection, dans un de ces moments où Paris tout entier retentissait de ces noms sonores : Thiers, Odilon Barrot, général Jacqueminot, Jacques Lefebvre, M. Delangle, M. Billault, M. Guinard, M. Marie, M. Paillet, M. Carnot, M. Guizot, M. Bethmont, M. Royer-Collard, M. Considérant, M. Boinvilliers, M. Berryer, M. le duc de Valmy, M. l'amiral Leray ! grandes batailles autour de ces noms qui représentaient tant d'idées, d'illusions et de beaux rêves, tant de liberté et d'éloquence ! Ainsi le moment était mal choisi, dans tous ces noms plein d'inquiétude et d'espérance, pour se faire un nom nouveau, même au théâtre. Ajoutez que juillet le terrible, répandait tous ses feux mêlés aux ardeurs de la politique, et que le théâtre était désert.

Au Gymnase on jouait, le soir dont je parle, une assez triste comédie intitulée : *la Jeunesse orageuse ;* il y avait aussi peu de monde que plus tard aux débuts de Mlle Rachel ; tout dormait, le parterre et les loges, le souffleur dormait dans sa niche, et sans un accident qui réveilla tout ce monde endormi, la salle eût été vide en un clin d'œil. Voici l'accident :

Une comédienne élégante, à la mode et fort belle, un brûlot de vingt-cinq ans à peine, qui jouait le rôle principal de cette *Jeunesse orageuse,* obéissant aux orages de sa propre jeunesse, avait quitté son poste, et son absence rendait impossible la représentation du vaudeville annoncé par les affiches. En vain on l'appelle, on la cherche... elle est absente, elle ne reviendra que demain; sur quoi, grande inquiétude au théâtre, et bientôt le peu de gens qui étaient dans la salle, à leur tour, s'inquiètent et finissent par demander à cris et à cors : *la Jeunesse orageuse!* On la voulait à tout prix, maintenant qu'elle était impossible. Il y eut même des passants avertis par l'orage intérieur qui se présentèrent, espérant s'amuser de ce théâtre dans l'embarras. Dieu des thyrses et dieu des masques ! comment faire et que devenir ?

Ce fut alors que cette enfant, qui était engagée et qui ne jouait pas, d'une voix timide et toute rougissante, proposa de jouer le rôle de la femme absente. Elle le savait pour l'avoir entendu réciter quatre ou cinq fois, et comme le parterre en ce moment redoublait son tapage, M. Monval l'excellent régisseur du Gymnase, fit une annonce, en demandant au public *toute* son indulgence pour une enfant qui se présentait à l'improviste ! Cependant l'enfant est habillée en un clin d'œil, et la voilà qui remplace au pied levé une comédienne en grande admiration dans le public, qu'elle fascinait de son insolente beauté. Le danger était grand, l'heure était solennelle, et le public, qui n'est pas toujours très-bon dans ces théâtres de Paris (il vaut cent fois mieux que le public de province), se faisait cependant une grande fête de voir tomber la présomptueuse, de châtier la téméraire et de lui apprendre à ne pas lutter contre le feu, contre la flamme et le fracas de la comédienne en faveur... En ce moment apparut la débutante, et tout d'abord elle charma ce peuple ameuté.

Il vit d'un coup d'œil tant d'innocence et de fraîcheur, un charmant visage, une taille admirable, et tout de suite il accepta cette modestie et cette exquise attitude. Elle fut d'abord un peu tremblante, elle se rassura bien vite, et sans peine et sans effort, apaisant les grands bruits, les tons criards de cette comédie à grand tapage, à grand ramage, elle en fit, de son autorité privée, une œuvre toute nouvelle ; bref, le succès fut très-grand, et ces mêmes gens qui ne l'auraient guère épargnée, obéissant au charme, rentraient chez eux sans demander quel député avait été proclamé dans la soirée, ils ne pensaient qu'à la comédienne. Enfin trois jours après, le lundi, voici le feuilleton que je retrouve, enfoui dans l'abîme des choses frivoles qu'une heure apporte et remporte. Il entonnait la louange de la nouvelle arrivée, et voici ce qu'il disait mot pour mot :

« Mlle Nathalie, toute jolie et toute élégante et parée, a grand tort de quitter la place et de s'en aller par monts et par vaux à la poursuite de l'ombre et de l'été. L'autre jour elle était absente et son rôle dans *la Jeunesse orageuse* laissait un grand vide, lorsque soudain se présente une petite jeune personne de quinze ans pour remplacer Mlle Nathalie. — Mais, lui disait-on, comment donc allez-vous faire? Vous êtes si timide... elle est si hardie! Votre regard manque de fermeté et d'assurance, l'œil de Mlle Nathalie est si éclatant et si noir! Vous êtes une enfant, Mlle Nathalie est une femme toute faite! Vous avez de si petites robes et à si bas prix, elle a tant de satin et tant de velours ! A votre cou pas même un grenat... elle a des colliers de perles! Pas une bague à vos doigts, pas un bracelet à vos bras... elle est chargée de bracelets et d'anneaux. — Laissez-moi faire, disait l'enfant, on se passe, il le faut bien, de rubans et de dentelles, de soie et de velours, de bracelets et d'anneaux d'or ; on se passera même des yeux noirs et de la taille bien cambrée de Mlle Nathalie ; on sera tout simplement simple, naturelle, innocente, jolie et sans apprêts, sinon sans art... Ainsi a-t-elle fait, et, chose étrange ! la petite téméraire a réussi autant qu'elle pouvait réussir. Le parterre a voulu savoir le nom de cette nouvelle arrivée... Elle a répondu qu'elle s'appelait Rose Chéri. »

Ainsi, en moins de trois heures, cette insolente et brillante Nathalie avait laissé tomber sa couronne ; une enfant l'avait ramassée, et cette enfant désormais sera reine entre toutes les comédiennes. Ah ! quelle rage, quel trépignement, quel désespoir de l'imprudente, perdant soudain la place qu'elle a quittée ! Elle éclatait, elle était furieuse ; elle jurait ses grands dieux que cette enfant lui avait dérobé son rôle ; et puis, tout d'un coup, en bonne personne, elle se prit à sourire, et, cédant la place à cette enfant, elle s'en fut dans les théâtres qui l'appelaient.

Huit jours après, jour pour jour, dans une petite comédie en un acte de ce même auteur du *Duc Job*, qui portait, lundi passé, la parole au nom des auteurs dramatiques sur le tombeau de la célèbre comédienne, on vit reparaître la jeune débutante, et cette fois dans un rôle qu'elle avait créé. On vit alors que cette enfant était une sensitive; elle avait tout compris, tout deviné, dans un rôle à peine indiqué. Et nous autres, les spectateurs du premier jour, nous les premiers qui l'avions applaudie et indiquée au public à venir, nous ajoutions cette louange à cette première louange (ceci est encore mot pour mot) :

« Cette petite jeune personne dont nous vous parlions l'autre jour, Mlle Rose Chéri, a créé avec bonheur le petit rôle de Cécile. C'est encore une enfant, mais une enfant qui est tout simplement une comédienne. Non pas, certes, que je veuille crier au miracle; mais enfin un jeu calme, naturel, sans recherche, sans effort, quelque chose de bien senti; une grande réserve, une rare prudence, une voix juste et ferme, et pas dix-sept ans!... La voilà toute. Encore une fois, jouer la comédie, et la très-bien jouer, ce n'est pas un art. Cela ne s'apprend pas; cela vient tout seul, un beau jour, en regardant, en écoutant l'humeur triste ou gaie que le bon Dieu a mise en nous. Nous devons cependant un conseil à Mlle Rose Chéri. Ce double nom est mal trouvé. Si vous laissez *Rose*, le *Chéri* est inutile; si vous tenez à *Chéri*, effacez *Rose*. Si elle n'en vient pas tout de suite à corriger ce pléonasme, la jeune débutante s'expose à recevoir toute sa vie le même billet doux : « Mademoiselle, j'ai découvert sur l'affiche du Gymnase-Dramatique une faute de français qu'il est important de faire disparaître... L'affiche vous appelle *Rose Chéri* : c'est *Rose Chérie* qu'il faudrait dire. *Signé* : Prosper, *étudiant en droit ;* — *l'inconnu de l'orchestre ;* — *le monsieur du balcon en chapeau blanc ;* — Arthur de*** ; — Théodore, *ex-sous-lieutenant de voltigeurs.* » Si bien que cet *e* de Rose Chéri ne sera pas, tant s'en faut, un *e* muet.

« Il faut donc que Mlle Rose Chéri se décide entre Rose et Chéri. Quand M. Fouché fut devenu le duc d'Otrante, il disait à l'un de ses amis : « Mon ami, lorsque nous serons tête à tête, tu « m'appelleras tout simplement Monseigneur. »

« Monsieur le parterre, peut dire Mlle Chéri à « son tour, lorsque nous serons tête à tête, ap-« pelez-moi Rose tout simplement. »

A retrouver ces premières impressions, si justes et si vraies qu'il n'y a pas un mot à retrancher, à ajouter, la critique est bien heureuse et bien fière. En se souvenant qu'elle a entouré, en toute occasion, de la même faveur, jusqu'à la fin, cette admirable artiste, la critique est contente. Oui ! depuis ces premiers jours où le succès entoura la jeune débutante de ses plus chères faveurs, elle n'a plus rencontré ni combat, ni lutte, et rien qui ressemble à la peine. Elle marcha sans obstacle à l'accomplissement de ses rêves, elle n'eut plus qu'à choisir dans les rôles les plus divers; elle avait désormais toute confiance en ce public dont elle était la fille adoptive et qui l'a suivie jusqu'à la fin, confiant, docile, acceptant son rire et ses larmes! Même un jour, comme un écrivain hardi, par un travail persévérant et sans autre ambition que le bonheur de bien faire, venait de remettre en lumière un chef-d'œuvre impossible, à savoir un livre appelé : *Clarisse Harlowe*, et que du travail de cet homme on avait composé un méchant drame, à tout hasard, Mlle Rose Chéri, émue et charmée à ces accents tout nouveaux pour elle, entreprit de reproduire à son tour la vie et la mort de Clarisse Harlowe. Ah! qu'elle y fut touchante, et que de larmes elle fit répandre sur cette infortune, et comme on vint de toutes parts assister à cette agonie! « On n'avait jamais vu sa pareille à Mitylène. » On ne se doutait pas encore, en aucun théâtre, en tragédie, en drame, en rien, de cette agonie où tout compte, un geste, un regard, une parole, un silence, un pli des lèvres, un froncement du sourcil; jamais mort plus touchante ne fut poussée à ce degré de pitié, de terreur, d'émotion. Elle était dans une charmante attitude, habillée et revêtue d'une robe de satin blanc comme la neige; elle était pâle... une ombre; ses pieds amaigris et ses petites jambes déliées disparaissaient sous ses longs plis soyeux, qui n'en dessinaient plus les formes délicates; de longues manchettes noires ajoutaient à la blancheur de cette peau frêle et transparente qui conservait encore quelques gouttes de sang pour l'animer. Sa taille, serrée par un ruban bleu de ciel, vous donnait l'idée d'une fleur des champs brisée par la charrue; ses belles mains, deux beaux lis sans tache, nuancés de bleu, tant les veines étaient gonflées, pendaient languissamment le long de ce beau corps. Mourante, un reste miraculeux de cette exquise beauté rayonnait encore sur ce visage charmant.

Telle elle était! C'était superbe et terrible à la fois! Que l'émotion fut grande aussi quand de cette voix sympathique elle se mit à lire un fragment du testament de Clarisse Harlowe, une page écrite en plein deuil avec des larmes ineffables, une page que l'on eût dit écrite exprès pour elle : « Anna, ma cousine et ma consolation, acceptez, je vous prie, mon portrait, quand j'avais seize ans, par un vieil artiste plein de génie. O le beau jour! C'était par un beau mois de juillet, dans le jardin de mon grand-père, à l'ombre d'un vert platane; les oiseaux chantaient, les eaux dan-

saient tout au loin, les mille bruits de la campagne remplissaient mon âme charmée. Mon grand-père, assis à côté du peintre, semblait vouloir le convaincre de la beauté naissante de son enfant; et le peintre, ému de tendresse, disait au bon vieillard : « Monsieur, s'il faut une image ressem-
« blante à celle qui est gravée dans votre cœur, j'y
« renonce ». A ces mots bien simples, que Mlle Rose Chéri disait dans un dernier sourire, la salle fondait en larmes, et l'on n'entendait plus qu'un sanglot.

Et comme en cet art dramatique toutes les émotions se tiennent l'une à l'autre, il advint que Mlle Rachel, frappée, à l'aspect de cette agonie inimitable, d'une irrésistible émulation, nous montra plus tard l'agonie et la mort d'Adrienne Lecouvreur. La grande tragédienne, à cette heure suprême, obéissait à l'impulsion de la petite fille du Gymnase, et plus tard encore, nous avons vu mourir, non pas sans une émotion sincère, la Dame aux Camélias sous les traits d'une parfaite beauté.

Donc, voilà deux grands drames et deux grands succès qui nous viennent en droite ligne du lit de mort de Clarisse, représentée par cette enfant, Clarisse Harlowe! O présage! ô mort! éloigne-toi! Ne va pas te venger de cette imitation trop réelle : Adrienne Lecouvreur a déjà reçu son châtiment; épargne au moins Clarisse Harlowe. Elle est sourde à nos voix, cette mort sans pitié; elle a saisi la tragédienne au milieu de son triomphe; elle a posé sa main de fer sur la tête innocente de la comédienne, à l'heure où tout semblait joie et prospérité autour de cette malheureuse! A peine elle avait achevé de bâtir sa maison, de planter son jardin, d'élever ses trois petits enfants, de sauver son fils aîné atteint d'une maladie horrible et contagieuse, en trois heures d'agonie elle expire. On dirait de cette héroïne du siècle passé, Julie, arrachant son enfant de l'eau profonde: « Avec quels transports de joie elle l'embrasse... Elle revenait plus souvent et avec des étreintes encore plus ardentes à l'enfant qui lui coûtait la vie, comme s'il lui fût devenu plus cher à ce prix. « Il y a des douleurs si grandes que pour les bien exprimer il faut emprunter au roman ses paroles et ses douleurs.

L'art dramatique tout entier conservera comme une louange suprême, avec un juste orgueil, le nom de Mme Rose Chéri. Il opposera cette jeunesse unie et sans tache et cet âge mûr plein d'honneur à toutes les déclamations hypocrites. C'est le droit de tous les membres de cette famille éloquente de se parer de ces grâces, de ces vertus, et de les appeler à leur aide, tantôt comme un encouragement à bien faire, et tantôt comme une consolation toute-puissante. Il faut songer aussi à ce père au désespoir, à ce mari désolé, à ce bel esprit très-habile et très-prévoyant qui perd, en perdant une pareille femme, espoir, avenir, confiance! Il n'y a pas un homme aussi malheureux que cet homme à l'heure où je parle. Il a tout perdu, il a tout enfoui dans ce cercueil... que disons-nous? dans cet abîme! Elle était l'honneur de sa maison, elle était la gloire et l'appui de son théâtre; elle lui avait donné toutes les preuves les plus éclatantes de son dévouement et de son zèle; et l'autre jour, quand nous fûmes chercher cette admirable artiste pour la conduire au champ du repos, ce fut avec un véritable effroi que nous songions aux douleurs plongées dans la solitude horrible et dans le silence abominable de cette maison.

INDEX

DES NOMS DE PERSONNES ET DES TITRES D'OUVRAGES CITÉS DANS LES QUATRE VOLUMES DE LA CRITIQUE DRAMATIQUE.

Les chiffres romains indiquent les volumes, et les chiffres arabes les pages.

NOMS DE PERSONNES.

Abbeille (l'abbé). III, 16.
Afranius. II, 138.
Aiguillon (duchesse d'). II, 131; — III, 47.
Alcée. I, 204; — II, 34.
Alfieri. II, 307.
Albert (Mme). III, 54.
Allan-Despréaux (Mme). I, 268, — IV, 45, 46, 52, 107.
Ambroise (Saint). II, 86.
Amphion. II, 34.
Anacréon. IV, 98.
Ancelot. IV, 58.
Andrieux. II, 29; — IV, 55.
Anicet-Bourgeois. III, 176 et suiv.
Annibal. II, 78.
Archiloque. I, 204.
Aristophane. I, 19, 204; — IV, 211.
Aristote. II, 47; — III, 50.
Arnauld (de Port-Royal). II, 97.
Arnault. III, 270.
Arnim (Bettina d'). III, 12.
Arnould-Plessy (Mme). I, 263, 279; — IV, 196.
Attila. II, 73.
Aubigné (Agrippa d'). III, 271.
Augier (Émile). IV, 109, 207.
Auguis. III, 28.
Auguste. I, 206; — II, 68, 211, 240, 255; — III, 25.

Auguste Z. III, 188.
Augustin (Saint). II, 85.
Autran (Joseph). II, 12, 15.
Ayen (duc d'). III, 40.

Baïf. II, 138.
Baldus. III, 276.
Balzac. II, 87, 306.
Balzac (Honoré de). I, 264, 288; — IV, 60, 145.
Barberini (le cardinal). III, 131.
Barbier (Auguste). IV, 56.
Barrière (Théodore). IV, 131 et suiv.
Baron. I, 132, 142; — II, 65.
Barthélemy (l'abbé). II, 214.
Bassompierre (de). II, 57.
Bawr (Mme de). IV, 196.
Beaujon. I, 182.
Beaumarchais (Caron de). I, 211; — II, 2.
Beckford. III, 169.
Beethoven. II, 193.
Béjart (Mlle). II, 56.
Bellini. I, 288.
Belloc. II, 285.
Belot (Adolphe). IV, 198 et suiv.
Belsunce (de). II, 51.
Benvenuto Cellini. III, 131.
Bequet (Étienne). I, 2; — II, 134; — III, 158, 189.
Béranger (P. J. de). I, 188; — II, 135; — III, 167; — IV, 77, 263.
Bernardin de Saint-Pierre. II, 131.
Berquin. II, 168; — III, 112.
Berry (la duchesse de). III, 273.
Berryer. III, 128.
Berton. IV, 129, 147, 149, 187.
Boccace. II, 306; — IV, 192.
Boileau-Despréaux. I, 32, 130, 135, 260; — II, 94, 102 — III, 168.
Boitard (Édouard). IV, 222.
Bossuet. I, 99, 111; — II, 86 271; — III, 239.
Bouilhet (Louis). III, 262 e suiv.
Bouillon (duchesse de). II, 110
Bourbon (la maison de). III, 276
Bourdaloue. II, 271.
Bourgogne (la duchesse de). III 273.
Boursault. I, 100.
Brancas (duc de). II, 57.
Bressant. IV, 162.
Brissac (le duc de). III, 39.
Brunet. I. 72.
Brutus. II, 139.
Burette (Théodose). II, 269.
Byron (lord). I, 111, 182; — II, 37; — III, 54 et suiv.; — IV, 40.

Caffaro (le P.). I, 100 et suiv.
Caligula. III, 171.
Callimaque. II, 34; — IV, 173
Callistrate. I, 22.
Calvin. II, 86.
Cambon. III, 141.
Camoëns (le). III, 161.
Capendu. IV, 131 et suiv.
Catherine II. I, 182.
Catinat (le maréchal de). IV 226.
Caton. II, 139; — IV, 217.
Céronia. II, 211.
Chaix d'Est-Ange. III, 128.
Chaligny-Desplanies. III, 16.
Chamfort. III, 40; — IV, 214.
Champmeslé (Mlle). II, 56, 81 118.

Chapelain. I, 130; — III, 84.
Chapotain. III, 16.
Charles II. II, 194.
Chateaubriand (vicomte de). I, 188; — II, 37, 61, 135, 174, 181, 192; — III, 162, 191; — IV, 40.
Chateauneuf. I, 129.
Chateauvillars (Mme de). III. 129.
Chatillon (le comte de). I, 149.
Chénier (André). II, 107, 241.
Chevreau. III, 16.
Choiseul (le duc de). III, 253.
Chilly. III, 188.
Ciceri. III, 51.
Cicéron. I, 205, 304; — II, 70, 139, 191; — IV, 93, 222.
Cimon. II, 16.
Clairon (Mlle). I, 182; — III, 37.
Clairville. IV, 32 et suiv.
Claude. III, 171.
Coeffeteau. II, 88.
Collot d'Herbois. III, 171.
Condé (le prince de). I, 149.
Congrès scientifique de Poitiers (le). III, 1.
Contat (Mlle). III, 37.
Conti (le prince de). I, 94.
Conti (la princesse de). III, 273.
Corneille (Pierre). I, 135, 198; — II, 2, 9, 50 et suiv., 56, 61, 68 et s., 113, 138, 141, 155 et s., 174, 180, 181, 241, 245, 255, 256, 278, 282; — III, 17, 25, 30, 37, 43, 44 et s., 47 et s., 84, 239, 270; — IV, 255.
Corneille (Thomas). I, 121; — II, 89.
Cotin (l'abbé). I, 130.

Cousin (Victor). II, 134.
Cratinus. I, 204.
Crébillon. II, 10.
Cromwell. II, 194.
Cuvier. II, 37.

Dacier (Mme). II, 49.
Dante (le). II, 7, 308; — III, 161.
Danton. I, 123; — III, 10.
Dauphine (Mme la). I, 293 (note).
Davesne (Dubois). III, 188.
Debureau. I, 75 et suiv.
Déjazet (Virginie). IV, 266.
Delacroix (Eugène). IV, 48.
Delaroche (Paul). II, 127, 151.
Delaporte (Mlle Marie). IV, 147.
Delaunay. IV, 162, 195.
Delavigne (Casimir). II, 108, 127, 155 et suiv.; — III, 53 et suiv.
Demidoff (comte Anatole). II, 289.
Démosthène. I, 205; — IV, 223.
Désaugiers. III, 299; — IV, 1.
Desclée (Mlle). IV, 273.
Demoustier. II, 131.
Desforges. I, 185.
Deshoulières (Mme). IV, 194.
Desmoulins (Camille). III, 10.
Désirée (Mlle). IV, 284.
Desmousseaux. III, 54.
Désobry. II, 214.
Destouches (Néricault-). I, 160; — IV, 283.
Diderot (Denis). I, 34, 150, 194, 198, 200, 202; — II, 129; — III, 33, 39, 101, 112, 222, 262; — IV, 37.

Doche (Mme Eugénie). II, 311; — IV, 147.
Dolet (Étienne). III, 135.
Doligny (Mlle). I, 219.
Dom Pedro. I, 310.
Dorneval. I, 59.
Dorval (Mme). I, 304; — II, 190, 256, 260; — III, 54, 110, 113, 154, 174, 196, 202, 207, 297 et suiv.; — IV, 282.
Doze (Mlle). I, 305.
Drusille. II, 211.
Du Barry (la comtesse). I, 182.
Dubelloy. III, 24 et suiv.
Dubois (Mlle Émilie). IV, 107, 195.
Ducerceau. III, 65.
Ducange (Victor). III, 299.
Duchesnois (Mlle). I, 291; — II, 251; — III, 54.
Ducis. II, 29; — III, 44 et suiv.
Dumas (Alexandre). I, 304; — II, 210 et suiv., 274; — III, 62 et suiv., 101 et suiv., 301; — IV, 14.
Dumas fils (Alexandre). IV, 163 et suiv., 281.
Duparay. II, 209; — IV, 204.
Duperron. II, 88.
Dupuis. IV, 129, 147, 187.
Dupuytren. IV, 72.
Duviquet. I, 2, 6, 17, 175; — III, 157.
Duverger (Mlle). III, 189.

Empis. I, 281.
Ennius. I, 205.
Épinay (Mme d'). I, 182, 184.
Eschine. I, 205.

Eschyle. I, 205; — II, 1 et suiv, 39 et suiv., 256; — III, 44, 47.
Escousse. III, 165.
Eupolis. I, 204.
Euripide. I, 205; — II, 1, 21 et suiv., 39 et suiv., 96 suiv., 256; — III, 3, 44, 4 87, 115, 177.

Falcon (Mlle). I, 289.
Fay (Léontine). III, 54; — I' 284.
Fénelon. 1, 87, 203; — IV, 26
Ferville. II, 209.
Féval (Paul). III, 281 et suiv.
Fix (Mlle Delphine). IV, 107.
Fontanes (de). III, 162.
Fontenelle. I. 86.
François Ier. III, 131.
Francisquine. I, 68.
Frédéric II. I, 182.
Frédérick-Lemaître. I, 52; — I 190, 209, 256; — III, 5. 297 et suiv.
Fulchiron. III, 28.
Fuzelier. I, 59, 61.

Galland. I, 183.
Garnier (Robert). III, 84.
Geffroy. IV, 162.
Gentil. III, 299.
Geoffrin (Mme). I, 182.
Geoffroy. I, 2, 176; — III, 15
Geoffroy (Michel). IV, 147.
Georges (Mlle). II, 209, 251; III, 189, 190.
Gérard (François). I, 311.
Gérard de Nerval. III, 165.
Gilbert. III, 161, 165.

Giotto. III, 168.
Girardin (Delphine de). IV, 101, 107.
Giraud (le comte). II, 307. 313.
Girodet. I, 311.
Gluck. II, 36.
Godard. I, 63.
Gœthe. I, 188; — III, 258.
Gombault. III, 84.
Got. IV, 155, 162, 195.
Gozlan (Léon). III, 191 et suiv.
Gresset. I, 173.
Grétry. I, 194.
Grimm. III, 39.
Gros. III, 129.
Gudin (Paul). III, 16.
Guilbert de Pixérécourt. III, 28.
Guillard (Léon). II, 36 (note); — IV, 32 et suiv.
Guizot. II, 134; — III, 26.
Günderode (Caroline de). III, 12 et 13.
Guyon (Mme Émilie). IV, 147.

Halévy (Ludovic). IV, 260 et suiv.
Hardy. III, 16.
Harpe (de la). I, 266; — II, 27; — III, 16, 26.
Heine (Henri). III, 247.
Henri IV. II, 207.
Hérodote. I. 205; — II, 15.
Hésiode. I, 189, 204; — II, 4.
Holbach (le baron d'). I, 182.
Homère. I, 204; — II, 4, 13, 14, 34, 212, 252, 256; — III, 5 et suiv.; — IV, 219.
Horace. I, 32, 274; — II, 33, 101, 137 et suiv., 177, 215, 240, 271; — III, 17, 237.
Hugo (Victor). I, 188, 303,
308; — II, 127, 134, 138; — III, 2, 11, 25, 82 et suiv., 114 et suiv., 190, 256, 272, 301.
Hus (Mlle). I, 182.
Hussein-Bey. I, 312.

Isocrate, I, 205.

Janot. I, 72.
Jayr. II, 285.
Jean-Chrysostôme (Saint). II, 60.
Jérôme (Saint). II, 175, 178.
Joanny. II, 251.
Jornandès. II, 74.
Joubert (Nicolas). I, 53.
Judith (Mlle). IV, 162, 195.
Julie. II, 211.
Juliette (Mlle). III, 189, 190.
Juvénal. II, 293; — III, 234.

Kératry (de). III, 112.
Kime. IV, 204.

Lablache. II, 305.
La Bruyère. I, 105, 121; — IV, 67, 173.
Lacenaire. II, 284 et suiv.
La Chaussée (Nivelle de). I, 34; — III, 303.
Lacordaire (le P.). II, 298.
Lafont. II, 189; — III, 54.
Lacroix (Jules). III, 226 et suiv.
Lafarge (Mme). II, 293.
La Fontaine (Jean de). I, 39, 131, 135, 275; — II, 15; — III, 240; — IV, 192, 261.
Lamartine (A. de). I, 188; — II, 135; — III, 10, 191; — IV, 261.

Lambert (l'attorney). III, 172.
Lamennais. I, 217; — II, 135, 268 et suiv.
Lami (Eugène). IV, 48.
Lamoignon (le président de). I, 93.
La Rochefoucauld (duc de). IV, 173.
Laromiguière. II, 134.
La Roncière. III, 127.
Lattaignant (l'abbé de). II, 27.
Laya (Léon). IV, 251, 257, 278.
Le Batteux. I, 266.
Lebras. III, 165.
Lebrun (Pierre). II, 140 et suiv., 160.
Lebrun-Pindare. II, 131.
Leclercq (Théodore). III, 149.
Lecouvreur (Adrienne). II, 266.
Lekain. II, 116.
Lemercier (Népomucène). II, 126 et suiv.
Lenclos (Ninon de). I, 89, 107, 129.
Le Nôtre. II, 53.
Léonard de Vinci. III, 131.
Lepeintre jeune. III, 66.
Lesage. I, 57, 61, 146, 193; — IV, 210.
Lespinasse (Mlle de). IV, 179.
Lesueur. IV, 149.
Ligier. II, 209.
Linus. II, 34.
Liszt. II, 193.
Livius Andronicus. I, 33; — II, 138.
Lockroy. III, 176 et suiv.
Loëve-Weymar. III, 189.
Louis XIII. II, 53, 83; — III, 25, 96.
Louis XIV. I, 95, 144, 153, 198; — II, 53, 84, 278; — III, 275, 277.
Louis XV. I, 182; — II, 119, 278; — III, 30, 36, 39.
Lucain. I, 205.
Lucas (Hippolyte). II, 24 et suiv.
Lucas Kranach. III, 14.
Luce de Lancival. III, 10, 270.
Luchet (Auguste). III, 127 et suiv.
Lucrèce. I, 205.
Luther. II, 86.
Lysias. I, 205.

Maillé (la duchesse de). IV, 69.
Malibran (Mme). II, 260, 305; — IV, 271.
Maine (la duchesse du). III, 273.
Maintenon (Mme de). I, 92, 144.
Mante (Mlle). IV, 28.
Malfilâtre. III, 161, 165.
Mallefille (Félicien). IV, 245 et suiv., 258.
Marchand. III, 189.
Mars (Mlle). I, 168, 174, 289, 290 et suiv.; — II, 251, 260; — III, 37, 77, 82, 305; — IV, 10, 19, 25, 196, 282.
Maquet (Auguste). III, 226 et suiv.
Marat. I, 123.
Marie-Thérèse. II, 197.
Marigny (le marquis de). I, 182.
Marivaux. I, 105, 144, 169, 292, 298; — II, 2, 260; — IV, 52.
Martial. I, 44; — II, 101.
Marthe (Mlle). III, 165.

INDEX.

Massillon. II, 271.
Masson (Michel). III, 189.
Mauger. III, 16.
Mazarin (le cardinal de). I, 87.
Mazères. I, 281 et suiv.
Mécène. II, 70, 240.
Meilhac. IV, 260 et suiv.
Mélingue. III, 295.
Ménage (Gilles). II, 306.
Ménandre. I, 43, 44.
Merle. III, 300.
Métastase. III, 29.
Meyerbeer. I, 289.
Michelet. II, 239.
Milton. II, 7.
Minette (Mlle). IV, 10.
Mirabeau. I, 188, 209, 218; — II, 37; — III, 10.
Mithridate. II, 71 et suiv.
Moëssard. III, 188.
Moine (Antonin). III, 165.
Molière. I, 31, 66, 85, 106, 128, 136, 142, 168, 180, 252, 264, 298; — II, 2, 54, 97, 138, 260, 271; — III, 51, 167, 168; — IV, 49, 63, 110, 115, 121, 173, 205, 241, 280, 281.
Molé. III, 89.
Molière (Mlle). I, 142.
Monnier (Henri). III, 66.
Monsigny. I, 194.
Montaigne. I, 36; — II, 84; — IV, 4.
Montagu (lady). IV, 40.
Montauron. I, 147-148.
Montbazon (le marquis de). II, 57.
Monteil (Alexis). II, 214.
Montesquieu. II, 239.
Monval. IV, 286.

Mozart. I, 111.
Murger (Henri). IV, 89, 99.
Musset (Alfred de). I, 263 et suiv.; — IV, 47, 52, 53, 57, 58, 190.

Napoléon. II, 37, 128, 278, 279.
Nathalie (Mlle). IV, 87, 286, 288.
Navarre (Marguerite de). IV, 64.
Néron. II, 211; — III, 171.
Nevius. II, 138.
Nieburg. II, 238.
Noblet (Mlle). II, 209.
Nodier (Charles). I, 2, 84; — III, 300.
Nourrit. I, 289.
Numa. IV, 284.

Odilon Barrot. III, 128.
Offenbach (Jacques). IV, 272.
Orphée. II, 34.
Osages (les). I, 314.
Ovide. II, 243, 245, 313; — III, 168.
Ozanneaux. 1, 16.

Pacuvius. II, 138.
Paradis (Hector). II, 285.
Pascal (Blaise). I, 110; — II, 82, 84; — III, 107, 169.
Pasta (Mme). II, 260, 305.
Périclès. II, 255.
Perriers (Bonaventure des). I, 271.
Pétrarque. II, 306.
Pétrone. II, 226.
Philastre. III, 141.
Philidor. I, 194.
Philodine. I, 22.

Picard. I, 236, 317; — II, 204.
Pierre le Grand. III, 162.
Pindare. I, 204; — II, 4, 5, 17, 34, 253.
Piron. I, 135, 178, 193.
Pisaroni (la). II, 305.
Platon. I, 26, 205; — III, 5 et suiv., 316.
Plaute. I, 30, 205; — II, 1, 54, 138; — IV, 211.
Plutarque. II, 15, 79; — IV, 222.
Pompadour (la marquise de). I, 182; — II, 119, 123; — III, 253.
Pompée. II, 73.
Ponsard (François). I, 241 et suiv.; — II, 228 et suiv.
Potier. I, 83; — III, 299.
Port-Royal. II, 85, 90.
Pradon. II, 110; — III, 230.
Préville. I, 119.
Proculus. II, 212.
Properce. II, 240.
Provost. III, 188.
Pyat (Félix). III, 127 et suiv.
Pythagore. I, 211; — II, 129.

Quinault. I, 311.
Quinet (Edgar). II, 284.
Quintilien. II, 253.

Rachel (Mlle). I, 304; — II, 79-81, 92, 112, 121, 249 et suiv., 311; — IV, 285, 294.
Racine (Jean). I, 112, 135, 179, 260; — II, 2, 21, 26, 56, 68 et suiv., 93 et suiv., 113, 127, 138, 199, 219, 255, 256, 272, 278, 282; — III, 30, 37, 51, 115, 168, 239.

Rambouillet (l'hôtel). II, 86, 87, 90.
Ravaillac. II, 207.
Regnard. I, 128 et suiv.; — IV, 261.
Regnier (Mathurin). II, 138.
Régnier. IV, 167.
Reynaud (Charles). II, 232 et suiv.
Richardson. IV, 33, 35, 37, 42.
Richard III. III, 25.
Richelieu (le cardinal de). I, 90; — II, 83, 84; — III, 96.
Richelieu (le maréchal de). I, 183.
Richer. III, 16.
Ricourt (Achille). II, 235.
Ristori (Adélaïde). II, 303 et suiv.
Robespierre. I, 123.
Rohan (le cardinal de). I, 182.
Rollin. III, 270.
Ronsard. II, 138; — IV, 61.
Rose Chéri (Mlle). II, 311; — IV, 41, 44, 129, 147, 149, 187, 256, 278 et suiv.
Rossi (Ernesto). II, 314.
Rossini. I, 311.
Rotrou. II, 50 et suiv.
Rousseau (Jean-Baptiste). I, 135.
Rousseau (Jean-Jacques). I, 100, 105, 182, 184, 209; — II, 246, 274, 306; — III, 41, 249; — IV, 130.
Rubini. II, 305.

Sablé (la marquise de). III, 41.
Saint-Simon (le duc de). III, 262.
Salluste. I, 205.
Samson. IV, 88.
Sand (George). II, 63, 67; — III, 247 et suiv.

INDEX.

Sandeau (Jules). IV, 73, 85, 109.
Sapho. II, 34.
Sardou (Victorien). IV, 227 et suiv.
Sartine (Mme de). I, 199.
Saxe (Maurice de). II, 167.
Scarron. III, 87; — IV, 64.
Scarron (Mme). I, 92.
Scheffer (Ary). II, 309.
Schiller. II, 141 et suiv.; — III, 105.
Schlegel. II, 2.
Scipion. I, 36; — IV, 4.
Scribe (Eugène). I, 220, 288, 303; — II, 298; — IV, 45, 49, 281, 284.
Sedaine. I, 192, 210.
Senac. II, 267.
Sénèque. II, 109, 190; — IV, 69, 202.
Sertorius. II, 71-72.
Serres. III, 188.
Sévigné (Mme de). II, 306.
Shakespeare. I, 111, 154; — II, 2, 9, 42, 58, 141, 142, 243; — III, 12, 15 et suiv., 44, 105, 127, 303.
Simon (Mlle). IV, 206.
Silvio Pellico. II, 307, 308.
Sixte-Quint. I, 272; — III, 168.
Socrate. I, 24; — III, 9.
Sontag (Mme). I, 311; II, 305.
Sophocle. I, 205; — II, 1, 2, 13, 16, 39 et suiv., 252, 256; — III, 6, 44, 47, 177.
Soubise (le prince de). I, 182.
Soulié (Frédéric). III, 189, 208 et suiv.
Soumet (Alexandre). II, 173 et suiv.

Spartacus. II, 71-72.
Stace. II, 286.
Staël (Mme de). II, 131.
Steen (Jean). II, 289.
Stocklet. III, 299, 302.
Suétone. II, 210; — III, 112.
Suidas. II, 15.
Sully. III, 96.
Sylla. II, 71.

Tabarin. I, 65, 68.
Tacite. I, 205; — II, 174, 186; — III, 81, 231, 239, 258, 270; — IV, 221.
Tallien (Mme). II, 131.
Taglioni (Marie). II, 260.
Talma. I, 73, 83, 291, 307; — II, 189, 251; — III, 45, 302, 305.
Tamburini. II, 305.
Tasse (le). III, 161.
Tautain. III, 302.
Térence. I, 30, 86, 205; — II, 1, 54, 138; — III, 221.
Théocrite. II, 19, 34.
Théophraste. IV, 211, 215.
Thibault. IV, 121.
Thierry (Amédée). II, 134.
Thiers (Adolphe). III, 146.
Thou (de). III, 279.
Thucydide. I, 205.
Tibère. I, 207; — II, 188, 211, 212; — III, 171, 243.
Tibulle. II, 240.
Tite-Live. II, 212, 237, 239, 245.
Trousseau (Armand). II, 284.
Tyrtée. I, 204.

Uchard (Mario). IV, 147 et suiv.

Vacquerie (Auguste). IV, 189 et suiv.
Vadé. II, 27.
Vair (du). II, 88.
Valère (Maxime). II, 15; — III, 3.
Vallière (Mlle Louise de la). I, 91, 314; — II, 53, 278.
Viardot (Mme Pauline). II, 305.
Verrès. II, 72.
Victoria (Mlle). IV, 255, 276.
Vigny (Alfred de). II, 196 et suiv.; — III, 158 et suiv., 256.
Villars. IV, 129.
Villemain. IV, 40.
Villetard (Edmond). IV, 198 et suiv.

Virgile. I, 205; — II, 94, 212, 286; — IV, 219.
Voiture. II, 87, 306.
Voltaire. I, 141, 181, 183, 185, 198, 209; — II, 47, 48, 112 et suiv., 134, 256, 274, 306; — III, 10, 19, 36, 38, 168, 239, 249; — IV, 40.

Walpole (lord Horace). III, 172.
Walter Scott. I, 188; — II, 142, 193, 194; — IV, 40.

Xénophon. I, 205.

Zumalacarreguy. III, 129.

TITRES D'OUVRAGES.

Abufar. III, 46.
Adélaïde Duguesclin. III, 39.
Agamemnon. II, 14, 130, 134.
Albigeois (l'). II, 129.
Alceste. II, 21 et suiv.
Almanach des Grâces. III, 10.
Almanach des Muses. III, 10.
Aménaïde. III, 64.
Amphitryon. I, 31, 143.
André. III, 247.
André del Sarto. I, 271.
Andrienne (L'). I, 36.
Andromaque. III, 29.
Angelo, tyran de Padoue. II, 223.
Ango. III, 126 et suiv.
Antony. III, 101 et suiv., 177, 299.
Art poétique (L'). I, 32; — II, 192; — III, 237.

Athalie. II, 91, 98, 277; — III, 46, 62.
Auberge (L') des Adrets. III, 312, 315.
Avare (L'). IV, 121, 138, 145.
Avocat Patelin (L'). I, 55.

Bajazet. II, 179, 268, 277.
Banc de sable (Le). III, 300.
Banquet (Le). I, 26.
Barbier de Séville (Le). I, 215.
Bataille de Waterloo (La). III, 145.
Baudouin. II, 130.
Bellérophon. III, 3.
Bettine. I, 276.
Billet de mille francs (Le). I, 84.
Bœuf enragé (Le). I, 84.
Bonhomme Jadis (Le). IV, 89 et s.
Bossu (Le). III, 281 et suiv.

Bourgeois gentilhomme (Le). I, 58, 108, 141, 163; — IV, 110, 115, 211.
Brigands (Les). II, 149.
Britannicus. III, 2.
Burgraves (Les). III, 262.

Cabane de Moulinard (La). III, 299.
Café des Aveugles (Le). III, 218.
Caïn. II, 130.
Caligula. II, 210 et suiv.
Camaraderie (La). I, 220 et suiv.
Camille, ou le Capitole sauvé. II, 130.
Caprice (Un). I, 267; — IV, 45.
Caprices de Marianne (Les). I, 273.
Cartouche. II, 294.
César Birotteau. IV, 145.
Chandelier (Le). I, 272.
Changement de main (Le). IV, 283.
Charlemagne (poëme de). III, 49.
Charlemagne. II, 130.
Château de Kenilworth (Le). II, 144.
Chatterton. III, 158 et suiv.; — IV, 13.
Chêne du Roi (Le). II, 193.
Christine. III, 107.
Christophe Colomb. II, 130.
Cid (Le). II, 52, 83, 155 et suiv., 256; — III, 47, 262.
Cid d'Andalousie (Le). II, 160.
Cinna. I, 147; — II, 69, 81, 83, 85, 279; — III, 29.
Circé. IV, 56.
Clarisse Harlowe. II, 311; — IV, 32 et suiv., 272, 292.

Clémence de Titus (La). III, 29, 31, 41.
Closerie des Genêts (La). III, 208 et suiv.
Clovis. II, 130.
Clytemnestre. II, 195.
Cœphores (Les). II, 14.
Collatéral (Le). IV, 205.
Collier de perles (Le). IV, 283.
Constitutionnel (Le). III, 109.
Contemplations (Les). IV, 189.
Contes de La Fontaine (Les). III, 240.
Contes d'Espagne et d'Italie. I, 277; — IV, 56.
Coriolan. III, 16.
Corrupteur (Le). II, 130.
Crispin rival de son maître. I, 151; — IV, 212.
Critique de l'École des Femmes (La). I, 118; — II, 241.
Cromwell. II, 136.
Cure et l'Archevêché (La). III, 148 et suiv.
Curé Mingrat (Le). III, 151.

Dame aux Camélias (La). II, 311; — III, 212; — IV, 147, 182, 186, 188, 272.
Démence de Charles VI (La). II, 130.
Demi-Monde (Le). III, 213; — IV, 147, 163, 281.
Déserteur (Le). I, 194.
Deux Forçats (Les). III, 300.
Diane de Lys. IV, 182, 185, 186, 281.
Dictionnaire philosophique (Le). III, 27.
Dîner de Madelon (Le). IV, 1.
Divine Épopée (La). II, 195.

Don Carlos. III, 60.
Don César de Bazan. III, 272; — IV, 218.
Don Juan. I, 107, 119, 214.
Drame moderne (Le). III, 1 et suiv., 32.

École des Maris (L'). IV, 251.
Éducation des Filles (L'). IV, 262.
Effrontés (Les). IV, 207 et suiv.
Électre. II, 38 et suiv.
Émile. III, 258; — IV, 130.
Encyclopédie (L'). III, 27.
Enfer (L'). II, 308.
Esprit (De l'). III, 27.
Esprit des Lois (L'). III, 27.
Essais (Les). I, 36.
Esther. II, 91, 98, 277.
Étoile du Nord (L'). II, 307.
Eugénie. I, 202 et suiv.
Euménides (Les). II, 14.
Eunuque (L'). I, 37 et suiv.

Famille Benoîton (La). IV, 227 et suiv.
Fausses Confidences (Les). I, 169.
Faute d'un pardon. IV, 54.
Faux Bonhomme (Le). II, 130.
Faux Bonshommes (Les). IV, 131 et suiv., 147.
Femmes savantes (Les). I, 31, 165, 180; — IV, 148, 162.
Feuilles d'Automne (Les). II, 136.
Fiammina (La). IV, 147 et suiv.
Fiancée de Lammermoor (La). III, 306.
Fiesque. III, 60.
Fille d'Eschyle (La). II, 12.

Fille du Cid (La). II, 155 et suiv.
Filles de marbre (Les). III, 212.
Fils naturel (Le). III, 101.
Folies amoureuses (Les). I, 142.
Fourberies de Scapin (Les). IV, 211.
Francesca di Rimini. II, 309.
Francisquine et Piphague. I, 68.
François le Champi. III, 247.
Frédégonde et Brunehaut. II, 130.
Froufrou. IV, 260 et suiv.

Gabrielle de Vergy. III, 41.
Gendre de M. Poirier (Le). IV, 13, 109, 147.
Génie du Christianisme (Le). III, 163.
Gil Blas. I, 58, 151; — IV, 212.
Gladiateur (Le). II, 173 et suiv.
Glorieux (Le). I, 163.

Hamlet. II, 58; — III, 44, 97.
Heautontimorumenos. III, 221.
Hector. III, 10.
Henri III. III, 62 et suiv., 107.
Hernani. II, 57, 136, 256; — III, 92, 110, 177, 262; — IV, 13.
Hippolyte. II, 96.
Histoire des Français des divers États. II, 214.
Homme-Légume (L'). I, 84.
Honneur (L') et l'Argent. I, 241 et suiv.; — IV, 13.
Horaces (Les). II, 81, 83.

Il faut qu'une porte soit ouverte ou fermée. I, 279.
Iliade (L'). II, 19; — III, 5.

INDEX.

Indiana. III, 247, 261.
Indiana et Charlemagne. IV, 266.
Iphigénie. III, 44.
Irène. III, 10.
Ismaël au Désert. II, 130.

Jacques le Fataliste. III, 258.
Jeanne d'Arc. II, 115.
Jeanne Grey. II, 151.
Jérusalem délivrée (La). II, 224.
Jeunesse orageuse (Une). IV, 285.
Jeux de l'Amour et du Hasard (Les). I, 169.
Joie fait peur (La). IV, 101 et suiv.
Joueur (Le). I, 138; — IV, 212.
Journal des Débats (Le). I, 1.
Juive (La). II, 120.

Lady Tartuffe. IV, 188.
Légataire universel (Le). I, 139; — IV, 205, 212.
Lépreux de la cité d'Aoste (Le). III, 300.
Liaisons dangereuses (Les). IV, 180.
Lionnes pauvres (Les). I, 165.
Louis IX. II, 130.
Louison. I, 276.
Lucrèce. I, 241; — II, 228 et suiv.; — IV, 13.
Lucrèce Borgia. II, 226; — III, 114 et suiv.

Madame de Montarcy. III, 262 et suiv.
Madame Desroches. IV, 251 et suiv.

Mademoiselle de Belle-Isle. IV, 14.
Mademoiselle de la Seiglière. IV, 13, 73, 160.
Mahomet. II, 113; — III, 2.
Main droite (La) et la Main gauche. III, 191 et suiv.
Malade imaginaire (Le). I, 108, 110, 163, 230.
Manlius. I, 73.
Manteau (Le). IV, 55.
Mare au Diable (La). III, 247.
Maréchale d'Ancre (La). II, 196 et suiv.
Mariage de Figaro (Le). II, 278; — III, 27, 37.
Mariage de raison (Le). IV, 13.
Marianne, roman. I, 169.
Marie Stuart. II, 140 et suiv.; — III, 60; — IV, 162.
Marino Faliero. III, 53 et suiv.
Marion Delorme. I, 306; — II, 57, 136, 256; — III, 82 et suiv., 177, 262, 269, 299; — IV, 13.
Marionnettes (Les). I, 57; — IV, 205.
Marseillaise (La). II, 166.
Martin et Bamboche. IV, 54.
Martyrs (Les). II, 61, 181, 192, 224.
Martyrs de Souli. II, 130.
Mauprat. III, 247 et suiv.
Mauvaise Tête (La). I, 84.
Méchant (Le). I, 173.
Médecin malgré lui (Le). IV, 212, 228.
Méditations poétiques (Les). III, 11.
Mélanie. III, 26.
Méléagre. II, 130.

Mémoires de Mme Lafarge. II, 293.
Ménechmes (Les). I, 143.
Menteur (Le). III, 28.
Mercadet. IV, 60 et suiv.
Mère (La) et la Fille. I, 281; — IV, 13.
Mérope. II, 113.
Métromanie (La). I, 173, 178; — III, 28.
Misanthrope (Le). I, 292; — III, 62; — IV, 136, 148.
Mithridate. II, 69, 199, 277.
Monime. III, 64.
Monsieur Cagnard. II, 132.
Monsieur de Pourceaugnac. I, 143; — IV, 212.
Mort de Lucrèce (La). III, 14.
Mort de Pompée (La). IV, 255.
Mystères de Paris (Les). III, 294.

Napoléon à Sainte-Hélène. I, 317.
Nécrologues (Les). II, 130.
Nègre (Le). I, 7 et suiv.
Niaise (La). IV, 283.
Notre-Dame de Paris. III, 92.
Nouvelle Héloïse (La). II, 306; — III, 258.
Nuées (Les). I, 24.
Nuit vénitienne (La). I, 265.

Ode à Duperrier (L'). III, 11.
Œdipe. I, 141; — II, 2; — III, 10.
Œuvres de Lacenaire. II, 293.
Oracle (L'). I, 84.
Oreste. II, 2; — III, 44.

Orientales (Les). I, 266; — II, 136; — IV, 189, 194.
Orphelin de la Chine (L'). II, 114; — III, 28, 46.
Othello. III, 22, 44.

Paméla. III, 299.
Pandours (Les). III, 299.
Panhypocrisiade (La). II, 129.
Parodies (Les). I, 306 et suiv.
Pattes de mouches (Les). IV, 279.
Paysans (Les). IV, 54.
Père de Famille (Le). I, 194, 202 et suiv.; — III, 222.
Père prodigue (Le). IV, 281.
Perrinet Leclerc. III, 176 et suiv.
Pertinax. III, 54.
Phédon (Le). III, 5.
Phèdre. II, 93 et suiv., 277; — III, 2, 44, 62, 308.
Philiberte. IV, 283.
Philosophe marié (Le). I, 160.
Philosophe sans le savoir (Le). I, 192.
Piano de Berthe (Le). IV, 283.
Pierre le Cruel. III, 41.
Pinto. II, 130, 132, 134.
Plaute. II, 130.
Plaideurs (Les). I, 179.
Plus beau Jour de la vie (Le). IV, 13.
Polyeucte. II, 52, 59, 81, 83, 180, 181, 192; — III, 262.
Prométhée. II, 2 et suiv., 21; — III, 44.
Prométhée délivré. II, 9.
Protégée sans le savoir (La). IV, 283.
Provinciales (Les). I, 117.

Question d'argent (La). I, 165 ; — IV, 147.
Quitte pour la peur. IV, 283.

Ressources de Quinola. IV, 65.
Retour imprévu (Le). I, 143.
Revue de Paris (La). I, 220.
Rhadamiste. III, 2.
Richard Cœur de Lion. I, 194.
Richard d'Arlington. III, 308.
Ricochets (Les). I, 236, 317 ; — II, 204.
Robert le Diable. I, 289.
Robert Macaire. I, 111, 156 ; — III, 308 et suiv.; — IV, 70, 178.
Rochester. III, 58.
Rodogune. III, 2.
Roi s'amuse (Le). III, 114.
Roland (Poëme de). III, 49.
Roman comique (Le). II, 54 ; — III, 87.
Roman d'un Jeune Homme pauvre (Le). I, 165.
Romance du Saule (La). IV, 271.
Rome au siècle d'Auguste. II, 214.
Rome sauvée. III, 10.
Ruy-Blas. II, 256 ; — III, 272 ; — IV, 189.

Saint Genest. II, 50 et suiv.
Saltimbanques (Les). IV, 13.
Satire de Pétrone (La). IV, 173.
Saül. II, 195.
Sceptiques (Les). IV, 245 et suiv., 256.
Senectute (De). IV, 93.
Sept Chefs devant Thèbes (Les). II, 14.

Serfs polonais (Les). II, 130.
Sganarelle. IV, 113.
Siége de Calais (Le). III, 33 et suiv.
Souvent homme varie. IV, 189 et suiv.
Spectacle dans un fauteuil (Le). I, 263.
Suite d'un bal masqué (La). IV, 196.

Tancrède. I, 194 ; — II, 112 ; — III, 39.
Tartuffe. I, 85, 110, 118, 122, 152, 292 ; — III, 84 ; — IV, 162, 208.
Testament de César Girodot (Le). IV, 198 et suiv.
Théâtre-National (Le). III, 40.
Thébaïde (La). III, 2.
Thé de Mme Gibou (Le). IV, 13.
Tour de Nesle (La). III, 30.
Traité des Bienfaits. IV, 116.
Trois Camarades de collége (Les). II, 286.
Trois Hommes rouges (Les), prologue. III, 218.
Trois Mousquetaires (Les). III, 294.
Turcaret. I, 146 ; — IV, 148, 162, 210, 212.

Ursule et Orovèse. II, 130.

Valentine. III, 247, 261.
Valeria. III, 226 et suiv.
Vampire (Le). III, 300.
Vautrin. IV, 65.

Vers dorés (Les). II, 129.
Vertu de Célimène (La). IV, 279.
Vie de Bohême (La). IV, 99.
Virginie. IV, 13.
Voyages du Jeune Anacharsis. II, 214.

Werther, roman. III, 98.
Werther, drame. III, 299.
Woodstock. II, 193.

Zaïre. II, 113 ;— III, 2, 46, 64.
Zelmire. III, 30.

TABLE

DU

TOME QUATRIÈME DE LA CRITIQUE DRAMATIQUE

	Pages
Désaugiers. — *Le Dîner de Madelon*.	1
Alexandre Dumas. — *Mademoiselle de Belle-Isle*.	14
Dumanoir, Clairville et Léon Guillard.— *Clarisse Harlowe*.	32
Alfred de Musset. — *Un Caprice*.	45
De Balzac. — *Mercadet le Faiseur*.	60
Jules Sandeau. — *Mademoiselle de la Seiglière*. .	73
Henri Murger. — *Le Bonhomme Jadis*.	89
Mme de Girardin. — *La Joie fait peur*.	101
E. Augier et J. Sandeau. — *Le Gendre de M. Poirier*	109
Barrière et Capendu. — *Les Faux Bonshommes*. .	131
Mario Uchard. — *La Fiammina*.	147
Alexandre Dumas fils. — *Le Demi-Monde*. . . .	163

	Pages
Auguste Vacquerie. — *Souvent homme varie*...	189
Belot et Villetard. — *Le Testament de César Girodot*.	198
Émile Augier. — *Les Effrontés*.	207
V. Sardou. — *La Famille Benoiton*.	227
Mallefille. — *Les Sceptiques*. — Léon Laya. — *Madame Desroches*.	245
Meilhac et Halévy. — *Frou-frou*.	260
Mme Rose Chéri.	276
INDEX.	297

A PARIS

DES PRESSES DE D. JOUAUST

Imprimeur breveté

RUE SAINT-HONORÉ, 338

ŒUVRES DIVERSES DE JULES JANIN

Nous ne publions ni les œuvres complètes de Jules Janin, ni des œuvres *choisies*, dans le sens qu'on attribue généralement à ce mot, qui indique le plus souvent un choix fait sans le concours de l'auteur, mais celles de ses œuvres pour lesquelles il avait le plus marqué sa prédilection. Notre collection est l'accomplissement d'un projet formé du vivant de Jules Janin, et l'exécution d'une de ses dernières volontés.

Les *Œuvres diverses de Jules Janin* se composent de 12 volumes, savoir :

L'Ane mort, précédé de l'*Autobiographie de l'auteur*	1 vol.
Mélanges et Variétés littéraires	2 vol.
Contes et Nouvelles	2 vol.
Critique dramatique	4 vol.
Correspondance	1 vol.
Barnave	2 vol
	12 vol.

Outre le tirage ordinaire, il est fait un TIRAGE D'AMATEURS, ainsi composé :

300 exemplaires	sur papier de Hollande à	7 50
25 —	sur papier Whatman à	15 »
25 —	sur papier de Chine à	15 »
350 exemplaires, numérotés.		

Chaque volume est orné d'une GRAVURE A L'EAU-FORTE PAR ED. HÉDOUIN, *réservée spécialement pour ce tirage.*

Juin 1877.

www.ingramcontent.com/pod-product-compliance
Lightning Source LLC
Chambersburg PA
CBHW060407170426
43199CB00013B/2037